THE LANGUAGE GYM

EXTRANJEROS

BOOK 1

UN CHICO MISTERIOSO

STUDENT WORKBOOK

THE LANGUAGE GYM

About the authors

Gianfranco Conti taught for 25 years at schools in Italy, the UK and in Kuala Lumpur, Malaysia. He has also been a university lecturer, holds a Master's degree in Applied Linguistics and a PhD in metacognitive strategies as applied to second language writing. He is now an author, a popular independent educational consultant and professional development provider. He has written around 2,000 resources for the TES website, which have awarded him the Best Resources Contributor in 2015. He has co-authored the best-selling and influential book for world languages teachers, "The Language Teacher Toolkit", "Breaking the sound barrier: Teaching learners how to listen", in which he puts forth his Listening As Modelling methodology and "Memory:what every language teacher should know". Gianfranco writes an influential blog on second language acquisition called The Language Gym, co-founded the interactive website language-gym.com and the Facebook professional group Global Innovative Language Teachers (GILT). Last but not least, Gianfranco has created the instructional approach known as E.P.I. (Extensive Processing Instruction) which underpins the content and structure of this book.

Dylan Viñales has taught for 15 years, in schools in Bath, Beijing and Kuala Lumpur in state, independent and international settings. He lives in Kuala Lumpur. He is fluent in five languages, and gets by in several more. Dylan is, besides a teacher, a professional development provider, specialising in E.P.I., metacognition, teaching languages through music (especially ukulele) and cognitive science. In the last five years, together with Dr Conti, he has driven the implementation of E.P.I. in one of the top international schools in the world: Garden International School. Dylan co-founded the fastest growing professional development group for modern languages teachers on Facebook, Global Innovative Languages Teachers, which includes over 12,000 teachers from all corners of the globe. He authors an influential blog on modern language pedagogy in which he supports the teaching of languages through E.P.I. Dylan is the lead author of Spanish content on the Language Gym website and oversees the technological development of the site.

DEDICATION

For Catrina
- Gianfranco

For Ariella & Leonard
- Dylan

Acknowledgements

A big thanks to our friends and family for the ongoing support while we work hard to produce these resources.

Secondly, our most sincere thanks and gratitude to our team of volunteer student readers: Yoo Jin, Smrithi Sankaranarayanan, Matthew Tang and Shriya Kalyan. Thanks to your eagle eyes we have ironed out plot holes, fixed some hard to reach typos, and also been able to fine-tune the difficulty level of the book.

Thanks, as always, to the fabulous MFL Twitterati community for their support and feedback throughout the creation process of this book.

Finally, a shout-out to Christopher Santos for his help with both the Spanish and English manuscripts in the final proofreading stages. Your contributions are greatly appreciated.

Introduction

A teenage boy wakes up lying on the hot cobbles of a Toledo street. With no memory of who he is, nor why he is in Spain, he sets out on a quest to discover his own identity and purpose. Following a trail of tantalising clues through the picturesque backstreets of Toledo, he meets a cast of colourful characters, from the charming Valentina and the mysterious Hassan, to the menacing and elusive Álvaro.

In the **first part of a four-book series**, our protagonist searches for himself, but will he be happy with the person that he finds?

Conceived for, and with input from, iGCSE Spanish students, the **Extranjeros series** brings the iGCSE topic areas to life through an engaging and exciting mystery in one of the most beautiful locations in Spain.

Thanks to its parallel texts which guarantee 100 % comprehensible input at all times; the repetition of key language items; the judicious use of cognates and choice of high-frequency vocabulary drawn from the 2,500 most frequent Spanish words, this book is ideal for learners in the A2-B1 proficiency band. For further consolidation we recommend the accompanying activities workbook which provides a wide range of engaging word- and grammar-focused tasks designed to engage the learner at various level of processing of the text, i.e.: spelling, word-/phrase-recognition, grammar, syntax, meaning and discourse building.

Table of Contents

CHAPTER 1

SAM

1. Phrase hunt: find the Spanish

a. It is sunny	
b. Where am I?	
c. She is tall	
d. A green car	
e. I get up	
f. An unusual accent	
g. There is a girl	
h. What happened?	
i. My head hurts	
j. I am thirsty	

2. Spot the cognates: for each of the English words below, find a Spanish word that sounds or looks similar

a. Solar

b. Radiant

c. Preoccupied

d. Accent

e. Intent

f. Moment

g. Hospital

h. Carnivore

3. Match questions and answer (Page 2)

¿Qué tiempo hace?	Hubo un accidente
¿Dónde está?	Alta y rubia
¿Qué pasó?	La cabeza
¿Cómo es la chica?	Azules
¿Qué le duele al chico?	Hace sol
¿De qué color son los ojos de la chica?	Una chica
¿Quién ayuda al chico?	El cielo
¿Qué está despejado?	En el suelo

4. Break the flow

a. Joannayyonoestamossolos

b. Hayedificioshistóricos

c. Miroalrededordelaplazadondeestamos

d. Tevoyallevaralhospital

e. Todosconcaraspreocupadas

f. Memiraconojossospechosos

g. Elairehueleacarneasada

h. ¿Dóndeestáesecocheverde?

5. True or False?

a. Hoy hace buen tiempo

b. El chico está confundido

c. Al chico le duele la garganta

d. Hay una chica morena que ayuda al chico

e. El chico tiene un acento raro

f. La chica parece preocupada

g. El chico no se acuerda de su nombre

h. Hay muchos perros en la plaza

6. Definitions game

a. Una parte del cuerpo   c _ _ _

b. Un color   v _ _ _ _ _

c. Contrario de 'baja'   a _ _ _

d. Entre 'ayer' y 'mañana'   h _ _

e. Contrario de 'frío'   c _ _ _ _

f. Un medio de transporte   c _ _ _ _

g. Contrario de 'rápido'   d _ _ _ _ _ _ _

h. Otra parte del cuerpo   c _ _ _ _ _

7. Faulty translation: correct the English. If possible without using the book

a. Estoy en el suelo — *I am on the table*

b. Tengo calor — *I am hungry*

c. Tengo sed — *I am in pain*

d. Me duele la cabeza — *My leg hurts*

e. El cielo está despejado — *The sky is cloudy*

f. La chica me ayuda — *The girl is talking to me*

g. Me levanto despacio — *I get up quickly*

h. Una pregunta — *A problem*

i. Con cara preocupada — *With a smiling face*

8. Complete with the correct option

a. Miro alrededor __________ la plaza

b. Hay __________ gente

c. Todos __________ caras preocupadas

d. Joanna me contesta __________ sí

e. Te voy a llevar __________ hospital

f. Pregunto __________ la chica

g. ¿Dónde está __________ coche verde?

h. No __________ acuerdo

a	me	al	de
que	mucha	con	ese

9. Translanagrams: unjumble each sentence and translate it in English

a. iroM dedoralre ed al zapla

b. oN mosaest oslos

c. ¿óndDe stáe ees ohcec?

d. ostyE ne Tledoo

e. eT oyv a rvalle la spitalho

f. dosTo onc rasac ocupapredas

g. oN em uerdoac

h. eM testacon ueq ís onc al bezaca

10. True or False?

a. La chica se llama Joanna

b. El aire huele a pescado frito

c. Una viejecita mira al chico con ojos sospechosos

d. Alrededor de la plaza hay rascacielos modernos

e. La gente alrededor parece preocupada

f. Joanna no quiere ayudar al chico

g. El chico se acuerda de su nombre

h. El chico está desorientado

11. Translate into Spanish (Page 2)

a. It is sunny. Very sunny

b. I am hot and thirsty

c. I open my eyes

d. I am on the ground

e. My head hurts

f. The girl helps me

g. There was a car

h. She looks at me with a worried face

12. Translate into Spanish (Page 3)

a. I don't remember

b. There are more people

c. You are in Toledo, in Spain

d. With worried faces

e. I look around

f. I am going to take you to the hospital

g. Where is that green car?

h. Joanna and I are not alone

1. Find the Spanish (Page 4):

Lines 1 to 9:

a. She says

b. Let's go to the hospital

c. She takes my arm

d. You have to see

e. I don't want

f. Any doctor

g. I have to know

Lines 10 to 17:

h. Who I am

i. I want to know

j. I look at

k. An idea occurs to me

Lines 18 to 30:

l. Smiles

m. I think you are not

n. Me too

o. She replies to me

p. An unusual accent

q. It sounds English

2. Spot the cognates: for each of the English words below, find a Spanish word that sounds or looks similar

a. Medical

b. Necessity

c. Occurs

d. Rare (unusual)

e. Normal

f. Bottle

g. Aqua

3. True, False or Not Mentioned?

a. Joanna piensa que el chico habla español bien

b. El chico tiene sed

c. Al chico le duele la espalda

d. Joanna no quiere ir al hospital

e. El chico quiere averiguar su identidad

f. El chico quiere comprar un coche verde

g. El chico tiene una fractura en la pierna

h. El chico habla alemán

i. Al chico no le gusta Toledo

j. El chico quiere saber por qué está en Toledo

4. Broken words

a. Una bro _ _   *A joke*

b. Encon _ _ _ _   *To find*

c. La cab _ _ _   *The head*

d. Las pi _ _ _ _ _   *The legs*

e. Le di _ _   *I tell her*

f. Nece _ _ _ _ agua   *I need water*

g. Tengo que averi _ _ _ _   *I must find out*

h. No sé p_ _ q_ _   *I don't know why*

i. Hablas m _ _ b _ _ _   *You speak very well*

5. Translate into English

a. enfadada   h. miro

b. se fue   i. sonríe

c. me coge   j. creo

d. tienes que   k. raro

e. ningún   l. suena

f. saber   m. yo también

g. quién   n. me contesta

6. Faulty translation: correct the English. If possible without using the book

a. Sonríe otra vez	*She laughs again*
b. Quiero encontrar	*I want to leave*
c. Le digo a la alemana	*I tell her in German*
d. Tengo que averiguar	*I want to find out*
e. Me miro las piernas	*I look at my feet*
f. Es una broma	*It is a question*
g. Me toco la cabeza	*I touch my chin*
h. No sé por qué	*I don't know when*

7. True or False?

a. La viejecita tiene la cara preocupada

b. El coche del accidente no esta allí

c. Joanna quiere llevar al chico al hospital

d. El chico quiere ir al hospital

e. El chico sabe por qué está en Toledo

f. El chico no tiene un acento español

g. Joanna no habla español

8. Verbs anagrams

a. iroM:	e. uiQoer:
b. eM ruocre:	f. abSre:
c. yoS:	g. eceNtosi:
d. oDig:	h. reEs:

9. Complete the table

English	Español
I look at	
	sonríe
unusual/strange	
	suena
to know	
she takes me	
	ahora
I have to see	

10. Correct the grammar and/or spelling errors

a. Es un broma

b. Necessito saber como me llamo

c. "Gracias", le digo la alemana

d. Todo esta en su sitio

e. Tengo averiguar quién soy

f. Eso es normal si eres ingles

g. No sé porque

h. Joanna sonríe otro vez

11. Translate into Spanish (Page 4)

a. The old lady seems angry

b. You have to see a doctor

c. Let's go to the hospital

d. I don't need to see any doctor

e. I think that you aren't Spanish

f. I want to know who I am

g. Your accent sounds English

12. Translate into Spanish (Page 5)

a. I am not going to the hospital

b. I touch my head, teeth and face

c. I don't know why

d. It is normal if you are English

e. I say to the German girl

f. But your head hurts

g. It is a joke. You speak well

1. Complete with the correct option

a. ___________ bien

b. La chica me ___________ su botella de agua

c. Joanna me _________ con cara preocupada

d. No _________ ni idea

e. _________ algo en mi bolsillo

f. Lo saco y veo que ___________ una llave

g. Le ___________ a Joanna: - Voy a La Posada de Manolo.

h. Si no ____________ ir al hospital, entonces te llevo a La Posada de Manolo

noto	estoy	digo	tengo
mira	es	da	quieres

4. Break the flow

a. Ninecesitoiralhospital,niquieroiralhospital

b. Joannamedasubotelladeaguaybebo

c. Memiraconcarapreocupadaotravez

d. Respiroymirolosedificioshistóricosamialrededor

e. Losacoyveoqueesunallavemuyantigua

f. Joannameexplicaqueesunhostalantiguo

2. Complete the words

a. Bo _ _ _ _ _   *Bottle*

b. Resp _ _ _   *I breathe*

c. Alred _ _ _ _   *Around*

d. Recono _ _ _   *I recognise*

e. Bol _ _ _ _ _   *Pocket*

f. Lla _ _   *Key*

g. Lla _ _ _ _   *Keyring*

h. Di _ _   *It says*

3. Underline the verb and then translate into English

a. Digo bruscamente

b. Necesito agua

c. No tengo ni idea

d. No reconozco nada

e. Lo saco

f. Veo que es una llave

g. Me mira con cara preocupada

h. Noto algo en mi bolsillo

5. Correct the grammar and/or spelling errors

a. Solo necessito agua

b. Joanna da me la agua botella

c. Joanna me miro con cara preocupado

d. Miro los edificios en mi alrededor

e. Reconozco nada

f. Noto alguien en mi bolsillo

g. Hay una llave mucho antigua

h. Le enseno el llavero Joanna

i. ¿Sabes donde es el hostal?

6. Arrange the events below in the same order as they occur in the texts on Pages 6 and 7

El chico necesita agua	
El chico le enseña el llavero a Joanna	
El chico no reconoce nada a su alrededor	
Joanna le da una botella de agua al chico	
Joanna le explica al chico donde está el hostal	
El chico nota algo en su bolsillo	
Joanna lleva al chico al hostal	
El chico ve que es una llave muy antigua	

7. Faulty translation: correct the English. If possible without using the book

a. Digo bruscamente — *I say quickly*

b. Solo necesito agua — *I need water immediately*

c. Con cara preocupada — *With a suspicious look*

d. Vale…Vale… — *Be patient…be patient*

e. A mi alrededor — *Next to me*

f. No reconozco nada — *I don't recognise anyone*

g. Lo saco — *I look for it*

h. Veo que es una llave — *I see that it is a keyring*

i. Le enseño el llavero — *I grab the keyring*

j. Joanna suspira — *Joanna sweats*

8. Find the Spanish

a. Sharply: B________________

b. Gives me: M_____ d__________

c. Worried: P________________

d. OK: V________________

e. I breathe: R________________

f. I recognise: R________________

g. I notice: N________________

h. Something: A________________

i. Key: L________________

j. I show: E________________

k. She sighs: S________________

9. Sentence puzzle: rewrite the sentences in the correct order

a. y los a edificios mi Respiro alrededor miro — *I breathe and see the buildings around me*

b. mira Me preocupada vez cara otra con — *She looks at me with a worried face again*

c. bolsillo algo en Noto mi — *I notice something in my pocket*

d. saco veo y Lo llave es una que — *I take it out it and see it is a key*

e. me Joanna da botella agua de su — *Joanna gives me her water bottle*

f. Me que explica un antiguo es hostal — *She explains to me it is an old hostel*

g. quedo Así tranquila me — *That way I'll feel calm*

10. True or False?

a. El chico no quiere ir al hospital

b. El chico tiene hambre

c. El chico no reconoce los edificios a su alrededor

d. En su bolsillo hay dinero

e. La Posada de Manolo es un restaurante famoso

f. La llave es la llave de un coche antiguo

g. El chico quiere ir a La Posada de Manolo

h. Joanna le explica donde está el hostal

i. Joanna lleva al chico al hospital

11. Translate into Spanish

a. I notice something in my pocket

b. Do you know where it is?

c. I take it out

d. She explains to me

e. I show her the keyring

f. She seems frustrated

g. She looks at me with a worried face

h. She gives me her water bottle

i. I neither need to go to the hospital nor do I want to go to the hospital

Extranjeros – Chapter 1 – Revision

1. Translate into English

a. Me despierto

b. Abro los ojos

c. Me duele la cabeza

d. Un acento raro

e. La chica me ayuda

f. No estamos solos

g. Con cara preocupada

h. Todos salvo una viejecita

i. Su cara parece enfadada

j. Suena inglés

k. Me contesta

2. Complete with the missing letters

a. La chica s _ _ _ _ _ _ — *The girl smiles*

b. Es una b _ _ _ _ — *It is a joke*

c. Me t _ _ _ la cabeza — *I touch my head*

d. No n _ _ _ _ _ _ _ — *I don't need*

e. Quiero e _ _ _ _ _ _ _ _ — *I want to find*

f. Tengo que a _ _ _ _ _ _ _ _ _ — *I must find out*

g. P _ _ _ _ _ _ _ _ _ _ — *Worried*

h. Los ed _ _ _ _ _ _ _ — *Buildings*

i. La a _ _ _ _ _ _ — *The German girl*

j. No recon _ _ _ _ — *I don't recognise*

3. Complete with the correct option

Cuando el chico se despierta, hace ____________. Está muy desorientado, tiene _______ y calor y le duele la ____________. Cerca de él hay una chica ____________ y rubia y otra gente también. La chica se ____________ Joanna. Es ____________, pero habla español. El chico habla español ____________, pero es extranjero. Tiene un acento _______. Joanna le explica que su acento ____________ inglés. El chico no se ____________ de su nombre ni de por qué _______ en Toledo. Cuando mira alrededor no ____________ ningún edificio.

llama	sed	alta	también
alemana	sol	cabeza	reconoce
suena	acuerda	está	raro

Joanna le ____________ al chico que él tuvo un accidente de ____________. Fue con un coche ____________. Joanna quiere llevar al chico al ____________, pero el chico no quiere ir. En el bolsillo encuentra una ____________. Parece antigua, y tiene un ____________ grande que dice: La Posada de Manolo. Joanna ____________ explica al chico que La Posada de Manolo es un ____________ situado en el centro histórico de ____________. Entonces, el chico decide ____________ a ese hostal para averiguar quién es y por qué ____________ en Toledo.

Toledo	hospital	coche	hostal
verde	explica	llavero	ir
está	le	llave	

4. Complete the table

English	Español
key	
	enseño
	llavero
I recognise	
	alemana
	necesito
worried (f)	
(she) answers	
	suena
to know	

5. Spot the false statements

a. El chico se despierta en Toledo

b. Hace frío cuando el se despierta

c. Solo hay una chica alemana a su alrededor

d. La chica es alta y morena

e. Hubo un accidente de coche

f. El coche era verde y se fue

g. El chico se acuerda de su nombre

h. La chica no quiere llevarlo al hospital

i. El chico encuentra una llave en su bolsillo

j. Es la llave de una casa

6. Sentence puzzle: rewrite the sentences in the correct order

a. saber Quiero soy quién — *I want to know who I am*

b. me una Se ocurre idea — *An idea occurs to me*

c. que Tienes a un ver médico — *You need to see a doctor*

d. a asada carne El huele aire — *The air smells of roast meat*

e. alrededor la de plaza Miro estamos donde — *We look around the square where we are*

f. mira La con alemana me preocupada cara — *The German girl looks at me with a worried face*

g. Tiene el los cielo ojos como despejado azules — *She has blue eyes like the clear sky*

7. Spot and add in the missing words

a. Te voy llevar al hospital

b. El aire huele carne asada

c. Me contesta sí con la cabeza

d. Necesito ver a ningún médico

e. Creo no eres español

f. Todo está su sitio

g. Lo saco y veo es una llave

h. Me duele mucho cabeza

i. No tengo idea

8. Translate into Spanish

a. I look around the square where we are

b. There are many people, all with worried faces

c. An old lady looks at me with suspicious eyes

d. I have to know why I am in Toledo

e. You have an unusual accent. It sounds English

f. I touch my hands, legs, teeth and the face too

g. I want to find the green car

h. I neither need to go to hospital, nor do I want to go to the hospital

ANSWERS – Chapter 1 – Pages 2-3

1. Phrase hunt: find the Spanish
a. It is sunny	**Hace sol**	b. Where am I	**¿Dónde estoy?**
c. She is tall	**Es alta**	d. A green car	**Un coche verde**
e. I get up	**Me levanto**	f. An unusual accent	**Un acento raro**
g. There is a girl	**Hay una chica**	h. What happened?	**¿Qué pasó?**
i. My head hurts	**Me duele la cabeza**	j. I am thirsty	**Tengo sed**

2. Spot the cognates
a. Sol   b. Radiante   c. Preocupada   d. Acento   e. Intento   f. Momento   g. Hospital   h. Carne

3. Match questions and answer based on the text
a. ¿Qué tiempo hace?	**Hace sol**	b. ¿Dónde está?	**En el suelo**
c. ¿Qué pasó?	**Hubo un accidente**	d. ¿Cómo es la chica?	**Alta y rubia**
e. ¿Qué le duele al chico?	**La cabeza**	f. ¿De qué color son los ojos de la chica?	**Azules**
g. ¿Quién ayuda al chico?	**Una chica**	h. ¿Qué está despejado?	**El cielo**

4. Break the flow
a. Joanna y yo no estamos solos   b. Hay edificios históricos   c. Miro alrededor de la plaza donde estamos
d. Te voy a llevar al hospital   e. Todos con caras preocupadas   f. Me mira con ojos sospechosos
g. El aire huele a carne asada   h. ¿Dónde está ese coche verde?

5. True or False?
a. True   b. True   c. False   d. False   e. True   f. True   g. True   h. False

6. Definition game
a. **cara**   b. **v**erde   c. **a**lta   d. **hoy**   e. **calor**   f. **coche**   g. **d**espacio   h. **cabeza**

7. Faulty translation: correct the English.
a. Estoy en el suelo: *I am on the **ground***   b. Tengo calor: *I am **hot***   c. Tengo sed: *I am **thirsty***
d. Me duele la cabeza : *My **head** hurts*   e. El cielo está despejado: *The sky is **clear***
f. La chica me ayuda: *The girl is **helping** me*   g. Me levanto despacio: *I get up **slowly***
h. Una pregunta: *A **question***   i. Con cara preocupada: *With a **worried** face*

8. Complete with the correct option
a. Miro alrededor **de** la plaza   b. Hay **mucha** gente   c. Todos **con** caras preocupadas
d. Joanna me contesta **que** sí   e. Te voy a llevar **al** hospital   f. Pregunto **a** la chica.
g. ¿Dónde está **ese** coche verde?   h. No **me** acuerdo

9. Translanagrams: unjumble each sentence and translate it in English
a. Miro alrededor de la plaza ; **I look around the square**   b. No estamos solos ; **We are not alone**
c. ¿Dónde está ese coche? ; **Where is that car?**   d. Estoy en Toledo ; **I am in Toledo**
e. Te voy a llevar al hospital ; **I'm going to take you to hospital** f. Todos con caras preocupadas ; **All with worried faces**
g. No me acuerdo ; **I don't/can't remember**   h. Me contesta que sí con la cabeza ; **She answers yes with a nod**

10. True or False?
a. True   b. False   c.True   d. False   e. True   f. False   g. False   h. True

11. Translate into Spanish (Page 2)
a. Hace sol. Mucho sol   b. Tengo calor y sed   c. Abro los ojos   d. Estoy en el suelo   e. Me duele la cabeza
f. La chica me ayuda   g. Había un coche   h. Me mira con cara preocupada

12. Translate into Spanish (Page 3)
a. No me acuerdo   b. Hay más gente   c. Estás en Toledo, en España   d. Con caras preocupadas   e. Miro alrededor
f. Te voy a llevar al hospital   g. ¿Dónde está ese coche verde?   h. Joanna y yo no estamos solos

1. Find the Spanish
Lines 1 to 9: a. Dice   b. Vamos al hospital   c. Me coge del brazo   d. Tienes que ver   e. (Yo) No quiero
f. Ningún medico   g. Tengo que saber
Lines 10 to 17: h. Quién soy   i. Quiero saber   j. Miro a   k. Se me ocurre una idea
Lines 18 to 30: l. Sonríe   m. Creo que no eres   n. Yo también   o. Me contesta   p. Un acento raro   q. Suena inglés

2. Spot the cognates
a. Médico   b. Necesito   c. Ocurre   d. Raro
e. Normal   f. Botella   g. Agua

3. True, False or Not Mentioned?
a. True   b. True   c. False   d. False   e. True
f. NM   g. False   h. NM   i. NM   j. True

4. Broken words
a. Una bro**ma**   b. Encon**trar**   c. La cab**eza**   d. Las pi**ernas**   e. Le di**go**
f. Nece**sito** agua   g. Tengo que averi**guar**   h. No sé **por qué**   i. Hablas m**uy** b**ien**

5. Translate into English
a. angry   b. it left   c. (She) grabs me   d. you have to   e. any (none)
f. to know   g. who   h. I look   i. (She) smiles   j. I think
k. unusual/strange   l. (it) sounds   m. me too   n. (She) replies

6. Faulty translation: correct the English
a. She **smiles** again   b. I want to **find**   c. I tell the **German girl**   d. I **have** to find out
e. I look at my **legs**   f. It's a **joke**   g. I touch my **head**   h. I don't know **why**

7. True or False?
a. False   b. True   c.True   d. False   e. False
f. True   g. False

8. Verbs anagrams
a. Miro   b. Me ocurre   c. Soy   d. Digo   e. Quiero
f. Saber   g. Necesito   h. Eres

9. Complete the table
I look at ; **miro a**   (She) smiles ; sonríe   unusual ; **raro**   **it sounds** ; suena
to know ; **saber**   she takes me ; **me coge**   **now** ; ahora   I have to see ; **tengo que ver**

10. Correct the grammar and/or spelling errors
a. Es un**a** broma   b. **Necesito** saber c**ó**mo me llamo   c. "Gracias", le digo **a** la alemana
d. Todo est**á** en su sitio   e. Tengo **que** averiguar quién soy   f. Eso es normal si eres ingl**é**s
g. No sé por **qué**   h. Joanna sonríe otr**a** vez

11. Translate into Spanish (Page 4)
a. La viejecita parece enfadada   b. Tienes que ver a un médico   c. Vamos al hospital
d. No necesito ver a ningún médico   e. Creo que no eres español   f. Quiero saber quién soy
g. Tu acento suena inglés

12. Translate into Spanish (Page 5)
a. No voy a ir al hospital   b. Me toco la cabeza, los dientes y la cara   c. No sé por qué
d. Es normal si eres inglés   e. Le digo a la alemana   f. Pero te duele la cabeza
g. Es una broma. Hablas bien

ANSWERS – Chapter 1 – Pages 5-6

1. Complete with the missing words
a. Estoy   b. Da   c. Mira   d. Tengo   e. Noto
f. Es   g. Digo   h. Quieres

2. Complete the words
a. Bo**tella**   b. Resp**iro**   c. Alred**edor**   d. Recono**zco**   e. Bol**sillo**
f. Lla**ve**   g. Lla**vero**   h. Di**ce**

3. Underline the verb and then translate into English
a. <u>Digo</u> bruscamente ; **I say sharply**   b. <u>Necesito</u> agua ; **I need some water**
c. No <u>tengo</u> ni idea ; **I have no idea**   d. No <u>reconozco</u> nada ; **I don't recognise anything**
e. Lo <u>saco</u> ; **I take it out**   f. <u>Veo</u> que <u>es</u> una llave ; **I see (that) it is a key**
g. Me <u>mira</u> con cara preocupada ; **She looks at me with a worried face**
h. <u>Noto</u> algo en mi bolsillo ; **I notice something in my pocket**

4. Break the flow
a. Ni necesito ir al hospital, ni quiero ir al hospital   b. Joanna me da su botella de agua y bebo
c. Me mira con cara preocupada otra vez   d. Respiro y miro los edificios históricos a mi alrededor
e. Lo saco y veo que es una llave muy antigua   f. Joanna me explica que es un hostal antiguo

5. Spot and correct the spelling/grammar mistakes
a. Solo **necesito** agua   b. Joanna **me da la botella de agua**
c. Joanna me **mira** con cara **preocupada**   d. Miro los edificios **a mi alrededor**
e. **No** reconozco nada   f. Noto **algo** en mi bolsillo
g. Hay una llave **muy** antigua   h. Le **enseño** el llavero **a** Joanna
i. ¿Sabes **dónde está** el hostal?

6. Arrange the events below in the same order as they occur in the texts on Pages 5 and 6
1   6   3   2   7   4   8   5

7. Faulty translation: correct the English
a. I say **sharply/abruptly**   b. I **just** need water   c. With a **worried** look   d. **Okay…okay**
e. **Around** me   f. I don't recognise **anything**   g. I **take** it out
h. I see that it is a **key**   i. I **show her** the keyring   j. Joanna **sighs**

8. Find the Spanish
a. **Bruscamente** b. Me **da**   c. **Preocupada**   d. **Vale**   e. **Respiro**   f. **Reconozco**
g. **Noto**   h. **Algo**   i. **Llave**   j. **Enseño**   k. **Suspira**

9. Sentence puzzle: rewrite the sentences in the correct order
a. Respiro y miro los edificios a mi alrededor   b. Me mira otra vez con cara preocupada
c. Noto algo en mi bolsillo   d. Lo saco y veo que es una llave
e. Joanna me da su botella de agua   f. Me explica que es un hostal antiguo
g. Así me quedo tranquila

10. True or False?
a. True   b. False   c. True   d. False   e. False
f. False   g. True   h. True   i. False

11. Translate into Spanish
a. Noto algo en mi bolsillo   b. ¿Sabes dónde está?   c. Lo saco
d. Me explica   e. Le enseño el llavero   f. Parece frustrada
g. Me mira con cara preocupada   h. Me da su botella de agua
i. Ni necesito ir al hospital ni quiero ir al hospital

ANSWERS – Chapter 1 – Revision

1. Translate into English
a. I wake up
b. I open my eyes
c. My head hurts
d. An unusual accent
e. The girl helps me
f. We are not alone
g. With a worried face (look)
h. All except an old lady
i. Her face seems angry
j. It sounds English
k. She replies to me

2. Complete with the missing letters
a. **son**ríe
b. b**roma**
c. **toco**
d. **necesito**
e. **encontrar**
f. av**eriguar**
g. p**reocupada**
h. **edificios**
i. **alemana**
j. **reconozco**

3. Complete with the correct option
Cuando el chico se despierta, hace **sol.** Está muy desorientado, tiene **sed** y calor y le duele la **cabeza.** Cerca de él hay una chica **alta** y rubia y otra gente también. La chica se **llama** Joanna. Es **alemana**, pero habla español. El chico habla español **también,** pero es extranjero. Tiene un acento **raro.** Joanna le explica que su acento **suena** inglés. El chico no se **acuerda** de su nombre y de por qué **está** en Toledo. Cuando mira alrededor no **reconoce** ningún edificio.

Joanna le **explica** al chico que él tuvo un accidente de **coche.** Probablemente con un coche **verde** . Joanna quiere llevar al chico al **hospital,** pero el chico no quiere ir. En el bolsillo encuentra una **llave.** Parece antigua, y tiene un **llavero** grande que dice: La Posada de Manolo. Joanna **le** explica al chico que La Posada de Manolo es un **hostal** situado en el centro histórico de **Toledo.** Entonces, el chico decide **ir** a ese hostal para averiguar quién es y por qué **está** en Toledo.

4. Complete the table
key ; **llave**
I show ; enseño
keyring ; llavero
I recognise ; **reconozco**
German girl ; alemana
I need ; necesito
worried (f) ; **preocupada**
(she) answers ; **contesta**
it sounds ; suena
to know ; **saber**

5. Spot the false statements
False statements: b, c, d, g, h, j

6. Sentence puzzle: rewrite the sentences in the correct order
a. Quiero saber quién soy
b. Se me ocurre una idea
c. Tienes que ver a un médico
d. El aire huele a carne asada
e. Miro alrededor de la plaza donde estamos
f. La alemana me mira con cara preocupada
g. Tiene los ojos azules como el cielo despejado

7. Spot and add in the missing words
a. Te voy **a** llevar al hospital
b. El aire huele **a** carne asada
c. Me contesta **que** sí con la cabeza
d. **No** necesito ver a ningún médico
e. Creo **que** no eres español
f. Todo está **en** su sitio
g. Lo saco y veo **que** es una llave
h. Me duele mucho **la** cabeza
i. No tengo **ni** idea

8. Translate into Spanish
a. Miro alrededor de la plaza donde estamos
b. Hay mucha gente, todos con caras preocupadas
c. Una viejecita me mira con ojos sospechosos
d. Tengo que saber por qué estoy en Toledo
e. Tienes un acento raro. Suena inglés
f. Me toco las manos, las piernas, los dientes y también la cara
g. Quiero encontrar el coche verde
h. Ni necesito ir al hospital ni quiero ir al hospital

CHAPTER 2

1. True or False?

a. La Posada de Manolo está cerca de la catedral

b. Es un edificio antiguo situado en una calle muy ancha

c. El chico reconoce La Posada de Manolo

d. El chico no se acuerda de su nombre

e. Dentro del hostal hace mucho calor

f. Joanna y el chico visitan un museo cerca del hostal

g. En el hostal los muebles son muy viejos

h. Hay cuadros del paisaje vasco

2. Find the Spanish (Page 9)

a. Room   h _ _ _ _ _ _ _ _ _

b. Necklace   c _ _ _ _ _

c. Showing   m _ _ _ _ _ _ _ _ _

d. Nobody   n _ _ _ _ _

e. Suddenly   d _ r _ _ _ _ _ _ _

f. Skulls   c _ _ _ _ _ _

g. Confused   c _ _ _ _ _ _ _ _ _

h. Horns   c _ _ _ _ _ _

3. Complete with the missing words

a. La Posada de Manolo __________ en una calle estrecha

b. El hostal es de __________ y es muy viejo

c. __________ un monasterio medieval

d. El chico no __________ su hostal

e. Dentro, el hostal __________ fresquito

f. En la entrada hay una mesa __________

g. Hay también __________ de paisajes castellanos

h. La calle del hostal está al __________ de una catedral

lado	está	antigua	parece
reconoce	hace	piedra	cuadros

4. Split sentences

El edificio está	reconoce su hostal
El chico no	en un hostal
El hostal parece	hace fresco
La calle es	es como un museo
Hay una	muy estrecha
La entrada	a la sombra de una catedral
Los dos entran	un monasterio medieval
En la entrada	mesa antigua y cuadros de paisajes

5. Match English and Spanish

Cráneos de cabras	He is staying here
No hay nadie	He asks me
Un collar de oro	He says to me
A la izquierda	Goat skulls
Se aloja aquí	I want to know
Me dice	A gold necklace
Mostrando la llave	There is nobody
Me pregunta	With a surprised face
Con cara de sorpresa	On the left
Quiero saber	Showing the key

6. Spot the cognates: for each of the English words below, find a Spanish word that sounds or looks similar (Page 9)

a. Reception

b. Appears

c. Accident

d. Surprise

e. To lodge (stay somewhere)

f. Collar

g. Number

h. Confused

<table>
<tr><td valign="top">

7. Spot and add in the missing words

a. Llegamos La Posada de Manolo

b. Ella señala una puerta madera

c. Entramos en hostal

d. Pero yo sé nada

e. Dentro está fresquito como cueva

f. La entrada parece museo

g. La calle está a sombra de la catedral

h. Hay cuadros paisaje castellano

i. Parece monasterio medieval

</td><td valign="top">

8. Translate into English

a. De repente

b. Cráneos de cabras

c. Cuernos de ciervos

d. Mostrando la llave

e. Señalándome con el dedo

f. Tuvo un accidente

g. Aparece un chico

h. Se aloja aquí

i. Quiero saber

</td></tr>
</table>

9. Translanagrams: unjumble the nouns and translate them into English

a. pdriea	e. fideicio	i. jepasia
b. mastonerio	f. dralcate	j. denrata
c. vecua	g. prutea	k. usmeo
d. alcle	h. locar	l. marade

<table>
<tr><td valign="top">

10. Spot & correct the grammar/spelling mistakes

a. Las paredes son decoradas con cráneos de cabras y cuernos de ciervos

b. Tiene el moreno pelo

c. De repente, parece un chico bastante musculoso

d. Mi mira con cara de sorpresa

e. Lleva un collar oro muy grueso

f. Tuvo un accidente pero esta bien

g. Quiero saber cuanta noches llevo aquí

h. Porque aloja aquí

i. Hay una recepción pero hay nadie

</td><td valign="top">

11. Translate into Spanish

a. We arrive at Manolo's Inn

b. It is (made) of stone

c. Inside it isn't hot

d. There is an old table

e. The entrance looks like a museum

f. She asks me

g. He has dark hair and black eyes

h. There is a reception, but no one is there

i. He looks at me with a look of surprise on his face

</td></tr>
</table>

1. Match up

No contesta	A radiant smile
Un fantasma	He/she looks at me
Una sonrisa radiante	A noise
Un ruido	A ghost
Tareas domésticas	He/she doesn't answer
Me mira a mí	Chores
No trabaja aquí	A big smile
Me dice	He/she doesn't work here
Una gran sonrisa	A little lost-in-thought
Un poco despistado	He/she says to me

2. Complete with the correct verb

a. El chico no ______________

b. Arriba se ______________ un ruido

c. La chica ______________ pelirroja y muy guapa

d. Todavía ______________ muchas tareas por hacer

e. Una chica ______________ la escalera

f. ______________ los ojos verdes como esmeraldas

oye	tengo	contesta
baja	es	tiene

3. Gapped translation

a. Acabo de volver — *I have just ______________*

b. Puedo mirar — *I can ______________*

c. Parece que tiene — *It ______________ that he has*

d. No sabe — *He doesn't ______________*

e. Quien soy — *______________ I am*

f. Respiro — *I ______________ in*

g. El dulce olor — *The ______________ smell*

h. Le explico — *I ______________ to her*

i. Le digo — *I ______________ her*

4. Break the flow

a. Ivánnotrabajaaquí

b. ¿Enquépuedoayudaros?

c. Arribaseoyeunruido

d. Memiraconsusojosnegros

e. Comosifueraunfantasma

f. Tengomuchastareasdomésticas

g. Esunamigodemihermano

5. Broken words

a. Una son _ _ _ _ _ — *A smile*

b. Un fan _ _ _ _ _ _ — *A ghost*

c. Trab _ _ _ — *He/she works*

d. Esmer _ _ _ _ _ _ — *Emeralds*

e. L _ sie _ _ _ — *I'm sorry*

f. Tar _ _ _ domésti _ _ _ — *Chores*

g. Un am _ _ _ — *A friend*

6. Match up

Parece	To know
Vale	Surprise
Volver	She looks for
Mirar	I say
Digo	Who
Busca	To come back
Saber	It seems
Quién	Ok
Sorpresa	To look

7. Faulty translation: correct the English (without looking at the translation in the book)

a. No contesta — *He doesn't ask*

b. Arriba se oye un ruido — *A noise is heard downstairs*

c. Con una sonrisa radiante — *With a radiant face*

d. Es muy guapa — *She is very ugly*

e. Tiene los ojos verdes — *She has blue eyes*

f. Mira al chico — *She looks at the girl*

g. ...y después me mira a mí — *...and then she mirrors me*

h. Un amigo de mi hermano — *One of my sister's friends*

i. ¿Trabajas aquí? — *Do you live here?*

j. Empiezo a decir — *I start to cry*

8. True or False?

a. Valentina es pelirroja

b. Valentina es muy fea

c. Valentina tiene los ojos verdes

d. Ha terminado las tareas domésticas

e. El chico tiene los ojos muy oscuros

f. Iván y Valentina trabajan juntos

g. Iván es el hermano de Valentina

h. Sam tuvo un accidente

i. Sam no tiene una habitación en el hostal

9. Gapped translation

a. Parece que tiene una habitación aquí — *It _________ that he has a room here*

b. Le digo que... — *I _________ to her that...*

c. ...estoy en la habitación número 13 — *... I am in _________ number 13*

d. Vale, vale – dice — *_______, _______ - she says*

e. Mientras respiro el dulce olor — *Whilst I breathe in the sweet _________*

f. Le explico que no quiero ir al hospital — *I _________ that I don't want to go to the hospital*

g. Le digo que yo solo quiero saber quién soy — *I _________ her that all I want to know is who I am*

h. Repite, mirándome sorprendida — *She repeats, _________ at me, surprised*

i. Así que me llamo Sam — *_________, my name is Sam*

10. Translate into Spanish

a. He had an accident

b. I have just come back

c. I thank Valentina

d. I tell her I am in room 13

e. From my holidays

f. Says Valentina

g. I only want to know

11. Translate into Spanish

a. He looks at me with his black eyes

b. The girl is red-haired and very pretty

c. She has green eyes

d. She looks at the boy

e. She responds (to me)

f. He doesn't work here

1. Find the Spanish

a. Bag   B_________________

b. I go up   S_________________

c. She asks   P_________________

d. She laughs   S__ r_____________

e. I hope   E_________________

f. Pocket   B_________________

g. Joke   B_________________

h. I find   E_________________

i. On top   E_________________

j. Heady   E_________________

3. Translanagrams: verbs

eg. resE   Eres   *You are*

a. ostEy

b. oegC

c. oeL

d. oirM

e. aHy

f. brAo

g. uQdeo

5. Sentence puzzle: challenge

a. derecha A la dos hay camas

b. pasaporte en mi la Busco bolsa

c. Joanna la broma ríe con se

d. la habitación puerta Abro de mi

e. pasaporte encontrar Espero mi

f. habitación con Subo mi Joanna a

g. el perfume otra Respiro vez

h. equipaje ser Debe mi

2. True or false?

a. A Sam no le gusta el perfume de Valentina

b. Sam encuentra su pasaporte en la bolsa

c. En la habitación no hay nadie

d. Hay una bolsa de viaje debajo de la mesa

e. En la bolsa hay unos zapatos

f. Joanna sube a la habitación con Sam

g. En la habitación hay solo una cama

h. Sam tiene un pez en la habitación

i. Hay un papel con una amenaza para Sam

j. Sam encuentra un pingüino en el armario

k. En su bolsa de viaje hay unos papeles

l. Sam encuentra el folleto de una escuela de idiomas

4. Spot and correct the errors

a. Hay dos cama

b. Joanna viene con migo

c. Subo mi habitación

d. Encima de la mesa es una bolsa

e. Espero de encontrar mi pasaporte

f. Solo encontro ropa

g. Abro la puerta del habitacion

6. Complete the 'broken' words and translate

a. El foll _ _ _

b. Mi pasapo _ _ _

c. Una sonr _ _ _

d. No eres bienven _ _ _

e. Abro el bolsi _ _ _ delant _ _ _

f. Me qu _ _ _ _ sin palab _ _ _

g. A lo me _ _ _

7. Broken words

a. Busco mi pasa _ _ _ _ _ _   *I look for my passport*

b. Solo enc _ _ _ _ _ _ ropa   *I only find clothes*

c. Subo a mi hab _ _ _ _ _ _ _ _   *I go up to my room*

d. Esp _ _ _ encontrar   *I hope to find*

e. Hay una bolsa de vi _ _ _   *There is a travel bag*

f. A _ _ _ la puerta   *I open the door*

g. M _ _ _ a Joanna   *I look at Joanna*

h. L _ _ el papel   *I read the paper*

i. A lo m _ _ _ _ estoy aquí para... *Maybe I am here to...*

j. No eres bienv _ _ _ _ _ aquí   *You are not welcome here*

8. Translate into English

a. Otra vez

b. Mi equipaje

c. Una toalla

d. Subo

e. Se ríe

f. Conmigo

g. Encima

h. Una bolsa de viaje

i. La broma

j. Espero

9. Break the flow

a. Abrolapuertadelahabitación

b. Suboamihabitación

c. Buscomipasaporteenlabolsa

d. Esperoencontrarmipasaporte

e. Joannaseríeconlabroma

f. Perosoloencuentroropa

g. Joannavieneconmigo

h. Debesermiequipaje

10. Faulty translation: correct the English

a. Respirando otra vez   *Repeating again*

b. Abro la puerta   *I open the bag*

c. Se ríe con la broma   *She laughs at the bromance*

d. Subo a mi habitación   *I enter my room*

e. La misma escuela   *The same street*

f. Con una sonrisa   *With a sunrise*

g. Leo el papel   *I lie on the paper*

h. El folleto de una escuela   *The address of a school*

11. Spot the cognates: for each of the English words below, find a Spanish word that sounds or looks similar

a. Identity

b. Respiration

c. Equipment

d. Study

e. Portal

f. Number

g. Encounter

h. Passport

i. Confirm

12. Translate into Spanish

a. Again

b. Her perfume

c. I go up to

d. On top of

e. My luggage

f. I find

g. I look for

h. She laughs at

i. I confirm to her

j. Like a fish

k. (She) Comes with me

l. I hope to find

m. To the right

n. To the left

o. It must be

p. Room number 13

q. My passport isn't there

r. I read the paper

s. I look at Joanna

t. You are not welcome

Extranjeros – Chapter 2 – REVISION

1. Split words

a. El edi_____________   *The building*

b. La ca_____________   *The street*

c. La pie_____________   *The stone*

d. La mad_____________   *The wood*

e. La me_____________   *The table*

f. El pai_____________   *The landscape*

g. La entr_____________   *The entrance hall*

h. Las pa_____________   *The walls*

i. La ll_____________   *The key*

j. La esc_____________   *The staircase*

ada	ficio	sa	saje	alera
redes	ave	lle	era	dra

2. Match up

Mira	He/she stays
Sube	He/she knows
Dice	He/she looks
Se aloja	He/she comes down
Baja	He/she works
Trabaja	He/she says
Sabe	He/she answers
Busca	He/she asks
Encuentra	He/she goes up
Pregunta	He/she finds
Contesta	He/she looks for

3. Sentence puzzle: challenge

a. es muy pelirroja La chica y guapa

b. la catedral El edificio está calle al en una lado de

c. antigua En hay una mesa la entrada muy

d. cráneos Las están decoradas paredes con de cabras

e. chico bastante aparece un bajo De repente,y musculoso

f. un Tuvo está bien accidente, pero

g. con sus Me mira como si un ojos negros fuera fantasma

h. Ella con una me gran sonrisa responde

4. True, False or Not Mentioned?

a. Valentina es pelirroja y es un poco fea

b. Iván tiene el pelo rubio y los ojos oscuros

c. Sam es alto y musculoso

d. La Posada de Manolo está en una calle llamada Hombre de Palo

e. En la entrada del hostal hace calor

f. A Sam no le gusta el perfume de Valentina

g. En la habitación de Sam hay dos camas

h. En su bolsa de viaje Sam encuentra finalmente su pasaporte

i. En su bolsa hay también calcetines y un lápiz

j. Sam encuentra el folleto de una escuela de idiomas en Toledo

5. Choose the 'odd one out'

a	piedra	madera	perfume
b	pelirroja	delantera	rubia
c	zapatos	ropa	cabras
d	bolsa de viaje	llave	equipaje
e	responde	contesta	mira
f	calle	plaza	papel
g	ropa	derecha	izquierda

6. Complete the table

Español	English
Conmigo	
Encima	
	Travel bag
	Luggage
El pelo moreno	
Entrada	
	I look for
Encuentro	
Bolsillo	
	I look at
Piedra	
	I open
Puerta	

7. Complete with the correct verb

a. La Posada de Manolo ____________ en una calle al lado de la catedral

b. La calle ____________ Hombre de Palo

c. –¿Es tu hostal? –me ____________

d. La entrada ____________ un museo

e. Iván ____________ el pelo moreno y los ojos negros

f. Una chica ____________ la escalera

g. Le explico que no ____________ ir al hospital

h. Le ____________ las gracias a Valentina

i. ____________ encontrar mi pasaporte en mi bolsa de viaje

se llama	baja	quiero
doy	está	parece
tiene	pregunta	espero

8. Guided translation

a. *The building is in a street...* — E__ e____________ e________ e__ u____ c__________ ...

b. *...next to the cathedral* — ...a__ l________ d__ l__ c____________________

c. *We enter the hostel* — E____________ e__ e__ h__________

d. *I don't know anything* — Y__ n__ s__ n____________

e. *There is a very old table* — H____ u___ m__________ m________ a____________

f. *To the right there is a reception* — A l__ d____________ h____ u___ r________________

g. *He has dark hair* — T__________ e__ p________ m____________

h. *He had an accident* — T______ u__ a________________

i. *The girl is red-haired...* — L__ c__________ e__ p________________ ...

j. *...and very pretty* — ...y m______ g____________

k. *On top of the table...* — E____________ d__ l__ m________ ...

l. *...there is a travel bag* — ...h____ u___ b____________ d__ v____________

m. *I read the paper and look at Joanna* — L___ e__ p________ y m________ a Joanna

ANSWERS – Chapter 2 – Pages 8-9

1. True or False?
a. True   b. False   c. False   d. True
e. False   f. False   g. True   h. False

2. Find the Spanish
a. habitación   b. collar   c. mostrando   d. nadie
e. de repente   f. cráneos   g. confundido   h. cuernos

3. Complete with the missing words
a. está   b. piedra   c. parece   d. reconoce
e. hace   f. antigua   g. cuadros   h. lado

4. Split sentences
El edificio está a la sombra de una catedral   **El chico no** reconoce su hostal
El hostal parece un monasterio medieval   **La calle** es muy estrecha
Hay una mesa antigua y cuadros de paisajes   **La entrada** es como un museo
Los dos entran en un hostal   **En la entrada** hace fresco

5. Match English and Spanish
Cráneos de cabras ; **Goat skulls**   No hay nadie ; **There is nobody**
Un collar de oro ; **A gold necklace**   A la izquierda ; **On the left**
Se aloja aquí ; **He is staying here**   Me dice ; **He says to me**
Mostrando la llave ; **Showing the key**   Me pregunta ; **He asks me**
Con cara de sorpresa ; **With a surprised face**   Quiero saber ; **I want to know**

6. Spot the cognates
a. recepción   b. aparece   c. accidente   d. sorpresa
e. se aloja   f. collar   g. número   h. confundido

7. Spot and add in the missing words
a. Llegamos **a** La Posada de Manolo   b. Ella señala una puerta **de** madera   c. Entramos en **el** hostal
d. Pero yo **no** sé nada   e. Dentro está fresquito como **una** cueva   f. La entrada parece **un** museo
g. La calle está a **la** sombra de la catedral   h. Hay cuadros **del** paisaje castellano   i. Parece **un** monasterio medieval

8. Translate into English
a. Suddenly   b. Goat skulls   c. Deer antlers   d. Showing the key   e. Pointing at me with his finger
f. He had an accident   g. A boy appears   h. He is staying here   i. I want to know

9. Translanagrams: unjumble the nouns and translate them into English
a. piedra ; **stone**   b. monasterio ; **monastery**   c. cueva ; **cave**   d. calle ; **street**
e. edificio ; **building**   f. catedral ; **cathedral**   g. puerta ; **door**   h. calor ; **heat**
i. paisaje ; **landscape**   j. entrada ; **entrance hall**   k. museo ; **museum**   l. madera ; **wood**

10. Spot & correct the grammar/spelling mistakes
a. Las paredes **están** decoradas con cráneos de cabras   b. Tiene el **pelo moreno**
c. De repente, **aparece** un chico bastante musculoso   d. **Me** mira con cara de sorpresa
e. Lleva un collar **de** oro muy grueso   f. Tuvo un accidente pero **está** bien
g. Quiero saber **cuántas** noches llevo aquí   h. Porque **se** aloja aquí
i. Hay una recepción pero **no** hay nadie

11. Translate into Spanish
a. Llegamos a La Posada de Manolo   b. Es de piedra   c. Dentro no hace calor
d. Hay una mesa antigua   e. La entrada parece un museo   f. Me pregunta
g. Tiene el pelo moreno y los ojos negros   h. Hay una recepción, pero no hay nadie
i. Me mira con cara de sorpresa

ANSWERS – Chapter 2 – Pages 10-11

1. Match up

No contesta ; **He/she doesn't answer**

Una sonrisa radiante ; **A radiant smile**

Tareas domésticas ; **Chores**

No trabaja aquí ; **He/she doesn't work here**

Una gran sonrisa ; **A big smile**

Un fantasma ; **A ghost**

Un ruido ; **A noise**

Me mira a mí ; **He/she looks at me**

Me dice ; **He/she says to me**

Un poco despistado ; **A little lost in thought**

2. Complete with the correct verb

a. contesta   b. oye   c. es   d. tengo   e. baja   f. tiene

3. Gapped translation

a. come back   b. look   c. seems   d. know   e. who   f. breathe

g. sweet   h. explain   i. tell

4. Break the flow

a. Iván no trabaja aquí   b. ¿En qué puedo ayudaros?   c. Arriba se oye un ruido

d. Me mira con sus ojos negros   e. Como si fuera un fantasma   f. Tengo muchas tareas domésticas

g. Es un amigo de mi hermano

5. Broken words

a. Una son**risa**   b. Un fan**tasma**   c. Trab**aja**   d. Esmer**aldas**

e. Lo sie**nto**   f. Tar**eas** domésti**cas**   g. Un am**igo**

6. Match up

parece ; **it seems**   vale ; **ok**   volver ; **to come back**   mirar ; **to look**

digo ; **I say**   busca ; **she looks for**   saber ; **to know**   quién ; **who**

sorpresa ; **surprise**

7. Faulty translation: correct the English

a. No contesta: *He doesn't **answer***

b. Arriba se oye un ruido: *A noise is heard **upstairs***

c. Con una sonrisa radiante: *With a radiant **smile***

d. Es muy guapa: *She is very **pretty***

e. Tiene los ojos verdes: *She has **green** eyes*

f. Mira al chico: *She looks at the **boy***

g. ...y después me mira a mí: *...and then she **looks at** me*

h. Un amigo de mi hermano: *One of my **brother**'s friends*

i. ¿Trabajas aquí?: *Do you **work** here?*

j. Empiezo a decir: *I start to **say***

8. True or False?

a. True   b. False   c. True   d. False   e. True   f. False

g. False   h. True   i. False

9. Gapped translation

a. seems   b. say   c. room   d. Okay, okay   e. smell   f. explain

g. tell   h. looking   i. So

10. Translate into Spanish

a. Tuvo un accidente   b. Acabo de volver   c. Le doy las gracias a Valentina

d. Le digo que estoy en la habitación trece   e. De mis vacaciones   f. Dice Valentina

g. Solo quiero saber

11. Translate into Spanish

a. Me mira con sus ojos negros   b. La chica es pelirroja y muy guapa   c. Tiene los ojos verdes

d. Mira al chico   e. Me responde   f. Él no trabaja aquí

ANSWERS – Chapter 2 – Pages 12-13

1. Find the Spanish
a. bolsa   b. subo   c. pregunta   d. se ríe   e. espero
f. bolsillo   g. broma   h. encontrar   i. encima   j. embriagador

2. True or False?
a. False   b. False   c. True   d. False   e. True   f. True
g. False   h. False   i. True   j. False   k. True   l. True

3. Translanagrams: verbs
a. **Estoy** ; I am   b. **Coge** ; he takes   c. **Leo** ; I read   d. **Miro** ; I look
e. **Hay** ; there is/are   f. **Abro** ; I open   g. **Quedo** ; I stay

4. Spot and correct the errors
a. Hay dos **camas**   b. Joanna viene **conmigo**   c. Subo **a** mi habitación
d. Encima de la mesa **hay** una bolsa   e. Espero ~~de~~ encontrar mi pasaporte   f. Solo **encuentro** ropa
g. Abro la puerta de **la habitación**

5. Sentence puzzle: challenge
a. A la derecha hay dos camas   b. Busco mi pasaporte en la bolsa   c. Joanna se ríe con la broma
d. Abro la puerta de mi habitación   e. Espero encontrar mi pasaporte   f. Subo a mi habitación con Joanna
g. Respiro otra vez el perfume   h. Debe ser mi equipaje

6. Complete the 'broken' words and translate
a. El foll**eto** ; **The brochure**   b. Mi pasapo**rte** ; **My passport**
c. Una sonr**isa** ; **A smile**   d. No eres bienven**ido** ; **You're not welcome**
e. Abro el bolsi**llo** delant**ero** ; **I open the front pocket**   f. Me qu**edo** sin palab**ras** ; **I am speechless (without words)**
g. A lo me**jor** ; **Maybe**

7. Broken words
a. Pasa**porte**   b. Enc**uentro**   c. Hab**itación**   d. Esp**ero**   e. Via**je**
f. **Abro**   g. **Miro**   h. L**eo**   i. M**ejor**   j. Bienv**enido**

8. Translate into english
a. Again   b. My luggage   c. A towel   d. I go up   e. She laughs
f. With me   g. On top   h. A holdall   i. The joke   j. I hope

9. Break the flow
a. Abro la puerta de la habitación   b. Subo a mi habitación   c. Busco mi pasaporte en la bolsa
d. Espero encontrar mi pasaporte   e. Joanna se ríe con la broma   f. Pero solo encuentro ropa
g. Joanna viene conmigo   h. Debe ser mi equipaje

10. Faulty translation: correct the English
a. **Breathing** again   b. I open the **door**   c. She laughs at the **joke**   d. I **go up to** my room
e. The same **school**   f. With a **smile**   g. I **read** the paper   h. The **leaflet** of a school

11. Spot the cognates
a. Identidad   b. Respiración   c. Equipaje   d. Estudio   e. Puerta   f. Número
g. Encontrar / Encuentro   h. Pasaporte   i. Confirmo

12. Translate into Spanish
a. Otra vez   b. Su perfume   c. Subo a   d. Encima de   e. Mi equipaje
f. Encuentro   g. Busco   h. Se ríe de   i. Le confirmo   j. Como un pez
k. Viene conmigo   l. Espero encontrar   m. A la derecha   n. A la izquierda   o. Debe ser
p. Habitación número trece   q. Mi pasaporte no está (ahí)   r. Leo el papel   s. Miro a Joanna
t. No eres bienvenido

1. Split words

a. El edi**ficio**   b. La ca**lle**   c. La pie**dra**   d. La mad**era**   e. La me**sa**

f. El pai**saje**   g. La ent**rada**   h. Las pa**redes**   i. La ll**ave**   j. La esc**alera**

2. Match up

Mira ; **He/she looks**   Sube ; **He/she goes up**   Dice ; **He/she says**   Se aloja ; **He/she stays**

Baja ; **He/she comes down**   Trabaja ; **He/she works**   Sabe ; **He/she knows**   Busca ; **He/she looks for**

Encuentra ; **He/she finds**   Pregunta ; **He/she asks**   Contesta ; **He/she answers**

3. Sentence puzzle: challenge

a. La chica es pelirroja y muy guapa   b. El edificio está en una calle al lado de la catedral

c. En la entrada hay una mesa muy antigua   d. Las paredes están decoradas con cráneos de cabras

e. De repente, aparece un chico bastante bajo y musculoso   f. Tuvo un accidente, pero está bien

g. Me mira con sus ojos negros como si fuera un fantasma   h. Ella me responde con una gran sonrisa

4. True, False or Not Mentioned?

a. False   b. False   c. NM   d. True   e. False

f. False   g. True   h. False   i. NM (False)   j. True

5. Choose the 'odd one out'

a. perfume   b. delantera   c. cabras   d. llave   e. mira   f. papel   g. ropa

6. Complete the table

Conmigo ; **With me**   Encima ; **On top**   **Bolsa de viaje** ; Travel bag   **Equipaje** ; luggage

El pelo moreno ; **Dark hair**   Entrada ; **Entrance hall**   **Busco** ; I look for   Encuentro ; **I find**

Bolsillo ; **Pocket**   **Miro a** ; I look at   Piedra ; **Stone**   **Abro** ; I open

Puerta ; **Door**

7. Complete with the correct verb

a. Está   b. Se llama   c. Pregunta   d. Parece   e. Tiene

f. Baja   g. Quiero   h. Doy   i. Espero

8. Guided translation

a. El edificio está en una calle…

b. …al lado de la catedral

c. Entramos en el hostal

d. Yo no sé nada

e. Hay una mesa muy antigua

f. A la derecha hay una recepción

g. Tiene el pelo moreno

h. Tuvo un accidente

i. La chica es pelirroja…

j. … y muy guapa

k. Encima de la mesa…

l. …hay una bolsa de viaje

m. Leo el papel y miro a Joanna

CHAPTER 3

IVÁN Y KAKÁ

1. Find the Spanish (Page 15)

a. Thoughts (lines 1-4)

b. Keep me awake (l. 1-4)

c. In my dreams (l. 5-9)

d. The threatening message (l. 5-9)

e. Someone (l. 10-14)

f. Louder (l. 10-14)

g. I don't see anything (l.15-19)

h. Except for (l.15-19)

i. Scared (l.20 -24)

j. I shout (l.25-32)

k. Approaches me (l.25-32)

2. Spot the cognates

a. Voice

b. Maintain

c. Persecute

d. Repeat

e. Figure

f. Recognise

g. Salvation

h. Assassin

i. Pensive

j. Profound

k. Companion

3. Break the flow

a. Mispensamientosmemantienendespierto

b. VeolosojosnegrosdeIván

c. Medespiertoenplenanoche

d. ¿Nomereconocesoqué?

e. Lafiguraseacercaamí

f. Peronotienepintadeasesino

g. Nopuedomovermedemiedo

h. Lafiguraseempiezaareír

4. Complete with the missing words

a. Un coche verde ___ persigue

b. ___ veo nada

c. Pienso en ___ mensaje amenazante

d. Me siento en ___ cama

e. Veo los ojos negros ___ Iván

f. La cama ___ muy cómoda

g. El mensaje está escrito ___ toda la pared

h. Me despierto ___ plena noche

me	no	la	de
es	por	el	en

5. Match up

pensamiento	damage; hurt
amenazante	thought
mensaje	someone
asustado	message
escrito	threatening
alguien	written
cómoda	scared
daño	comfortable

6. Broken words

a. Es un hom _ _ _   *It's a man*

b. Una v _ _ profunda   *A deep voice*

c. Tengo mi _ _ _   *I am scared*

d. Pregunto asust _ _ _   *I ask afraid*

e. Digo dud _ _ _ _   *I say hesitating*

f. ¿Estás borr _ _ _ _ ?   *Are you drunk?*

7. Sentence puzzle: rewrite the sentences in the correct order

a. dormir muy No puedo bien — *I cannot sleep very well*

b. Me en plena noche despierto — *I wake up in the middle of the night*

c. me Mis mantienen despierto pensamientos — *My thoughts keep me awake*

d. cama Me asustado en siento la — *I sit up in my bed scared*

e. mí La acerca a figura se — *The figure gets closer to me*

f. verde me Un persigue coche — *A green car pursues me*

g. los ojos negros de Veo Iván — *I see Ivan's black eyes*

h. ¿Por hacerme qué quieres daño? — *Why do you want to hurt me?*

i. El paredes está escrito amenazante todas por las mensaje — *The threatening message is written all over the walls*

8. Spot and correct the spelling/grammar mistakes

a. No tiene pinto de asesino — *He doesn't look like a killer*

b. No puedo mover de miedo — *I can't move for the fear*

c. ¿Estas enfermo o borraco? — *Are you sick or drunk?*

d. Le pregunto ajustado — *I ask him, afraid*

e. Pregunto otro vez — *I ask again*

f. ¿Te paso algo? — *Is something wrong with you?*

g. ¿No me reconozces? — *Don't you recognise me?*

9. Translate into English

a. De repente

b. No quiero morir

c. Se burla de mí

d. No tiene pinta de asesino

e. ¿Estás borracho?

f. Había un coche

g. ¿Quién eres?

h. Le pregunto

i. Estás en mi cama

10. Translate into Spanish

a. I wake up in the middle of the night

b. The figure approaches me

c. I see Ivan's black eyes

d. Except for a figure next to the door

e. I can't sleep very well

f. Someone repeats: "Are you well?"

g. Why do you want to hurt me?

h. The bed is very comfortable

i. I don't want to die!

1. Hidden phrases

a. T__ c_________ u__ p_______ — *I know you a little*

b. T_______ l_ i____________ — *I have the impression*

c. A_________ e__ a_________ — *Stroking the animal*

d. ¿N__ t__ a_________ d__ R_______? — *Don't you remember Raul?*

e. L__ e_________ l__ n_______ — *I show him the note*

f. S__ s_______ e__ l__ c_______ — *He sits on the bed*

g. N__ s__ e_______________ — *I don't know exactly*

h. Hassan m__ m_______ y d________ — *Hassan looks at me and says*

i. T_________ e____________ — *I have enemies*

j. S_________ a___________ — *He takes out something*

2. Spot the cognates

a. Impression

b. Note

c. City

d. Exactly

e. Probably

f. Animal

g. Enemies

h. Rat

i. Jacket

j. Mascot

3. Break the flow

a. PorlamañanamecruzoconValentina

b. Laviejecitatambiénestáallí

c. Yosoytuamigoytevoyaayudar

d. Decidimosirjuntosalaplazaatomaruncafé

e. Hassansacaunatabletadechocolate

f. Creoqueesunavagabunda

g. Mañanavasairalaescueladeidiomas

h. Esperandoalgoimportante

i. Hassanledauntrozoalaratayuntrozoamí

4. Broken words

a. Al _ _ — *Something*

b. Enemi _ _ _ — *Enemies*

c. Jun _ _ _ — *Together*

d. Carr _ _ _ — *Trolley*

e. Lle _ _ — *Full (m)*

f. Vaga _ _ _ _ _ — *Homeless lady*

g. Ayu _ _ _ — *To help*

h. Esper _ _ _ _ — *Waiting*

i. Vieje _ _ _ _ — *Old lady*

5. Sentence puzzle: rewrite the sentences in the correct order

a. algo del Saca bolsillo — *He takes something out from the pocket*

b. acaraciando el Hassan Dice animal — *Says Hassan stroking the animal*

c. ¿No Raúl de te acuerdas? — *Don't you remember Raul?*

d. un poco conozco Oye te, — *Listen, I know you a bit*

e. No estás por qué sé exactamente aquí — *I don't know exactly why you are here*

f. quién por soy ni No sé estoy aquí ni qué — *I don't know who I am nor why I am here*

g. cama Se en la sienta Raúl con — *He sits on the bed with Raul*

h. enemigos en esta ciudad Tengo — *I have enemies in this town*

6. Break the flow

a. Sacaalgodelbolsillodesuchaqueta

b. ¿NoteacuerdasdeRaúl,mimascota?

c. Leenseñolanotademibolsa

d. Tengoenemigosenestaciudad

e. Noséexactamenteporquéestásaquí

f. Tieneunarata

g. Noséniquiénsoyniporquéestoyaquí

h. Oye,teconozcounpoco

i. Hassanmemiraydice

7. Definitions game

a. Un idioma: i___________

b. Un animal: r___________

c. Un mueble para dormir: c___________

d. Ropa: c___________

e. Como una mochila: b___________

f. Vieja y pequeña: v___________

g. Una bebida caliente: c___________

h. Un tipo de hostal: p___________

i. Sinónimo de 'pienso':   c___________

8. Spot and add in the missing words

a. Hassan saca una tableta chocolate

b. Yo soy tu amigo y te voy ayudar

c. Por la mañana cruzo con Valentina

d. La viejecita está allí con su carrito lleno cartón

e. Decidimos ir la plaza tomar un café

f. Creo es una vagabunda

g. No preocupes

h. Te gusta chocolate tanto como a Raúl

9. Broken words

a. Bols _ _ _ _   *Pocket*

b. Mas _ _ _ _   *Pet*

c. Par _ _ _   *It seems*

d. Te con _ _ _ _   *I know you*

e. Le ens _ _ _   *I show him*

f. Ant _ _   *Before*

g. Bol _ _   *Bag*

h. Mien _ _ _ _   *Whilst*

i. Enem _ _ _ _   *Enemies*

j. Chaq _ _ _ _   *Jacket*

10. Faulty translation: correct the English

a. Te conozco un poco   *I know you well*

b. ¿No te acuerdas?   *Don't you know?*

c. Tengo enemigos   *I have anemones*

d. Parece que sí   *It doesn't seem so*

e. Antes de decir   *After saying*

f. Para aprender español   *In order to learn French*

g. Me mira y dice   *He listens to me and says*

h. Oye   *Look*

i. No sé exactamente   *I don't know at all*

11. Translate into Spanish

a. He has a rat

b. I have the impression

c. Don't you remember?

d. I know you a little

e. He takes out a chocolate bar

f. He gives a piece to me

g. We decide to go together to the square

h. I believe she is a homeless person

i. I am going to help you

1. Detectives: work out the hidden sentences (Page 19)

a. H _ _ _ s _ _ p _ _ _ n _ h _ _ _ m _ _ _ _ c _ _ _ _   *It is sunny but it isn't very hot*

b. ¡T _ _ _ _ _ _ _ e _ _ _ _ v _ _ _!   *You're still alive!*

c. T _ _ _ _ q _ _ v _ _ _ _ _   *I have to go back*

d. L _ _ c _ _ _ _ _ l _ q _ _ p _ _ _   *I tell them what happened*

e. H _ _ u _ m _ _ _ _ _ d _ c _ _ _ _ q _ _ h _ _ _ _   *There is a pile of things to do*

f. Int _ _ _ _ _ _ _ _ _ nú _ _ _ _ _ d _ t _ _ _ _ _ _ _   *They exchange phone numbers*

g. E _ _ _ m _ _ r _ _ _   *It is really tasty*

h. N _ _ s _ _ _ _ _ _ _ c _ _ e _ _ _   *We sit with her*

i. S _ r _ _ _ m _ _ _ _   *They laugh a lot*

2. Break the Flow (Page 19)

a. Lescuentoloquemepasóporlanoche

b. DiceValentinamientrasselevanta

c. JoannayValentinaintercambiannúmerosdeteléfono

d. Hacesolperonohacemuchocalorporqueestemprano

e. Hayunmontóndecosasquehacer

f. Pruebaelpancontomate

g. Joannatienerazón

h. Nossentamosconellaenlaplaza

4. True, False or Not Mentioned? (Pages 19 & 20)

a. Sam no tiene hambre

b. Sam, Valentina y Joanna desayunan juntos

c. A nadie le gusta el pan con tomate

d. Es muy tarde

e. Valentina tiene que irse a causa de su trabajo

f. Sam encuentra dinero en su cartera

g. Sam es un ladrón

h. Sam paga con la tarjeta de crédito

i. Joanna come pan con tomate

j. Joanna pregunta a Sam de quién es la tarjeta de crédito

3. Find the Spanish (Page 19)
- use the line numbers to help you

a. Are you hungry?   (1-5)

b. I am going to have breakfast (1-5)

c. Are you coming?   (1-5)

d. I smile   (5 -10)

e. It is still early   (10-15)

f. I tell them what happened (15-20)

g. (They) laugh a lot   (15-20)

h. It's really tasty   (20-25)

i. The bread   (20-25)

j. Joanna is right   (20-25)

k. I have to go back   (25-30)

l. A pile of things   (25-30)

m. Whilst she gets up (25-30)

n. (They) exchange   (25-32)

5. Sentence puzzle: rewrite the sentences in the correct order

a. y me Me saluda un abrazo da	*She greets me and gives me a hug*
b. porque No calor hace mucho muy es temprano	*It is not hot because it is very early*
c. con tomate Prueba el pan	*Try the bread with tomato*
d. cosas Hay de un montón que hacer	*There are a lot of things to do*
e. abro Saco y la mi cartera	*I take out my wallet and I open it*
f. A mejor podemos lo churros también pedir	*Maybe we can order churros also*
g. Pago y la tarjeta de crédito cuenta miro la	*I pay the bill and look at the credit card*
h. Dicen plaza hay que un en ladrón la	*They say that there is a thief in the square*

6. Match up (Pages 19 & 20)

Me da un abrazo	It's early
Es temprano	They laugh a lot
Prueba el pan	They exchange
Se ríen mucho	He/she is right
Tiene razón	He/she gives me a hug
Intercambian	He/she tries the bread
Saco mi cartera	A credit card
Podemos pedir	I pay the bill
Una tarjeta de crédito	I take out my wallet
Ten cuidado	There's a thief
Hay un ladrón	We can order
Pago la cuenta	Be careful

7. Complete (Page 20)

a. Una tarjeta de _____________

b. Los __________ de cien euros

c. La boca __________ de pan con tomate

d. Ten ____________

e. ___________ mi cartera

f. En la cartera __________ mucho dinero

g. Ella __________ que no

h. Pago la ___________

i. ¿De __________ es esta tarjeta de crédito?

j. A lo __________ podemos pedir churros

saco	crédito	cuidado	hay	cuenta
quién	billetes	mejor	llena	dice

8. Translate into Spanish

a. There is a pile of things to do	h. Maybe we can order churros
b. They exchange phone numbers	i. It is still early
c. I take out my wallet	j. Whose credit card is this?
d. I pay the bill with the credit card	k. They say there is a thief
e. Try the bread with tomato	l. Inside there is money
f. There are two thousand euros	m. I have to go back to the hostel
g. She says no	n. The bread with tomato is delicious

1. Hidden phrases

a. L _ _ b _ _ _ _ _ _ y l _ _ c _ _ _ _ _ _ _ _   *The bags and wallets*

b. E _ e _ c _ _ _ _ _ v _ _ _ _   *In the old town*

c. U _ e _ _ _ _ _ _ _ _ m _ _ _ _ _ _ _   *A modern building*

d. T _ _ _ _ l _ _ p _ _ _ _ _ d _ _ m _ _ _ _   *All the countries in the world*

e. L _ _ _ _ m _ _ _ _ _ _ _ _ _ _ _ n _ _ _ _   *She is wearing black make-up*

f. U _ v _ _ _ _ _ _ _ l _ _ _ _   *A long dress*

g. E _ _ _ _ u _ p _ _ _ n _ _ _ _ _ _ _ _   *I am a bit nervous (m)*

h. S _ _ _ _ m _ v _ _ _   *About my life*

i. C _ _ u _ a _ _ _ _ _ m _ _ f _ _ _ _ _ _   *With a very strong accent*

2. Break the flow

a. Esunedificiomodernoyparecemásunaoficinaqueunaescuela

b. Alguienestárobandolosbolsosylascarterasdelosturistas

c. Dentrohaybanderasdetodoslospaísesdelmundo

d. Susojossonazulesysumiradainocente

e. Miscompañerosmepreguntansobremivida

f. Esmiprimeraclaseyestoyunpoconervioso

3. Anagrams

a. anBderas

b. uMndo

c. aquiMllaje

d. laCavera

e. roTzo

f. idVa

g. oJnev

4. Faulty translation: correct the English

a. Un edificio moderno — *A modern house*

b. Los bolsos y carteras — *The bags and belongings*

c. La escuela de idiomas — *The information office*

d. En el casco viejo — *In the old helmet*

e. Un trozo de pan — *A loaf of bread*

f. Todos los países del mundo — *All the cities in the world*

g. Tiene las uñas negras — *She has black lips*

h. ¿Tienes alguna cicatriz? — *Do you have any bruises?*

i. Los otros jóvenes — *The other girls*

j. Me preguntan sobre mi vida — *They ask me about my dog*

k. Puedo adivinar — *I can explain*

5. True or False?

a. Joanna and Sam desayunan en la escuela de idiomas

b. La escuela esta en un barrio moderno de Toledo

c. Yuki es una amiga japonesa de Joanna

d. Sam está nervioso a causa de Yuki

e. A Sam le gusta Renata, la profesora de español

f. Sam no se acuerda de su nombre

g. Hay un chico estadounidense en su clase

6. Translate into English

a. Banderas

b. Casco viejo

c. Carteras

d. Uñas negras

e. Dentro

f. Maquillaje

g. Idiomas

h. Saber

i. Preguntan

j. Vida

7. Missing words: insert the missing 'de' into each sentence

a. Vamos a la escuela idiomas

b. Cojo un trozo pan

c. Hay banderas todo el mundo

d. Alguien está robando los bolsos y carteras los turistas

e. Jóvenes todas partes del mundo charlan animados...

f. Yuki lleva pendientes en forma calavera

g. Es la hora entrar en clase

h. Un joven los Estados Unidos me pregunta...

8. Answer the questions below in Spanish

a. ¿Qué les está robando el ladrón a los turistas?

b. ¿Qué está comiendo Sam?

c. ¿Cómo se llama la escuela de idiomas?

d. ¿Dónde está situada la escuela?

e. ¿Qué está cerca del ayuntamiento?

f. ¿Qué hay dentro de la escuela?

g. ¿Cómo es Yuki físicamente?

h. ¿Qué ropa lleva Yuki?

i. ¿Qué quiere saber Yuki de Sam?

j. ¿Por qué está nervioso Sam?

k. ¿Cómo se llama la Profesora de Sam?

l. ¿Qué piensa Sam de su profesora?

m. ¿Quién habla con un acento muy fuerte?

n. ¿Cuántos años tiene Sam?

9. Split sentences

Alguien está robando	el casco viejo
Vamos a la escuela	son azules
La escuela está en	los bolsos y carteras
Hay banderas de	moderno
Yuki tiene las	parecen simpáticos
Es un edificio	agradable
Sus ojos	entrar en clase
Los otros jóvenes	de idiomas
La profesora es	uñas negras
Es la hora de	todos los países

10. Translate into Spanish

a. Someone is stealing the tourist's bags and wallets

b. We are going to the language school

c. Inside there are flags of all the world's countries

d. She has black nails and wears black make-up

e. It is located in the old town, near the townhall

f. It is time to enter the class

g. The other youngsters seem nice

h. Joanna introduces me to Yuki

i. I take a piece of bread with tomato

j. Some young people chat in different languages

<table>
<tr><td valign="top">

1a. Find the Spanish (P23)

a. I suppose

b. Strange

c. I say

d. Another

e. I cough

f. Let me see

g. I want to cry

h. I don't want

i. In the end

j. (He/she) asks me

k. I don't know what to say

</td><td valign="top">

1b. Find the Spanish (P24)

a. His pet

b. Roommate

c. Little old lady

d. Square

e. Rubbish bin

f. I see

g. Whilst

h. Sandwiches

i. To look at

j. (He/she) is playing

k. I tell them everything

</td><td valign="top">

2. Translate into English

a. Extraño

b. Toso

c. Al final

d. Mirar

e. Les cuento todo

f. Su mascota

g. Me pregunta

h. Supongo

i. La viejecita

j. Cubo de basura

k. Compañero de habitación

</td></tr>
</table>

<table>
<tr><td valign="top">

3. Break the flow

a. Noséquédecir

b. Nosésitengohermanos

c. Noquieromáspreguntas

d. Elestadounidense

e. Supongoqueesextraño

f. Nomesientobien

g. LecuentotodosobreHassan

h. Todalaclaseseríe

i. Tosoydigo

</td><td valign="top">

4. Faulty translation: correct the English

a. Me mira interesada — *She listens to me interested*

b. No sé qué decir — *I don't know what to do*

c. Digo al final — *I say at the beginning*

d. No me siento bien — *I can't hear well*

e. Con cara de sorpresa — *With a disappointed face*

f. Toso y digo — *I sneeze and say*

g. Inclina la cabeza — *He hits his head*

h. Tiene hambre — *He is thirsty*

i. Me gusta como toca — *I like how he sings*

</td></tr>
</table>

5. Spot and correct the spelling mistakes (be careful with accents!)

a. Estadounidese

b. Guitara

c. Viejacita

d. Habitacion

e. Musica

f. Interestada

g. Mi compañero de classe

h. No se que decir

i. No quiero mas preguntas

j. No se si tengo hermanos

k. No me sento bien

l. Exactemente

6. Spot the cognates (Pages 23 & 24)

a. Companion

b. Guitar

c. Inclined

d. Exactly

e. Persons

f. Family

g. Interested

h. Unique

i. Varied

j. Music

k. Coffee

7. Match questions and answers

¿Quién es Renata?	*A la plaza*
¿Quién se queda en La Posada de Manolo?	*Es el compañero de habitación de Sam*
¿Qué dice Joanna a las dos de la tarde?	*La guitarra*
¿Quién es Hassan?	*Busca algo en el cubo de basura*
¿Adónde van Joanna, Yuki y Sam?	*La profesora de español*
¿Qué hace la viejecita?	*Un café*
¿Qué toman los jóvenes?	*Sam*
¿Quién tiene una cara de sorpresa?	*Que tiene hambre*
¿Cómo se llama la mascota de Hassan?	*El chico estadounidense*
¿Qué van a comer?	*Raúl*
¿Qué instrumento toca Hassan?	*Bocadillos*

8. Broken words

a. La vieje _ _ _ _   *The old lady*

b. La habit _ _ _ _ _ _   *The room*

c. Son _ _ _   *She smiles*

d. To _ _   *I cough*

e. La guit _ _ _ _   *Guitar*

f. Mi compañ _ _ _   *My classmate*

g. Estadounide _ _ _   *American*

h. Pregu _ _ _   *She asks*

i. Ot _ _   *Another*

j. Ext _ _ _ _   *Strange*

k. Emp _ _ _ _   *I start*

9. Missing letters challenge: opposites

a. Normal   E _ _ _ _ _ _

b. Inicio   F _ _ _ _

c. Más   M _ _ _ _

d. Enemigo   A _ _ _ _

e. Respuestas   P _ _ _ _ _ _ _

f. Siguiente   A _ _ _ _ _ _ _

10. Translate into Spanish

a. She looks at me

b. I tell them everything

c. She is looking for something

d. I don't know what to say

e. With a surprised face

f. It is strange

g. I say in the end

h. I want to cry

i. I am not feeling well

j. She is hungry again

k. On the other side

l. I am not the only one

1. Match up

Dice	They laugh
Parece	Let/leave him/her
Se ríen	They throw
Echan	They see
Entra	He/she says
Mira	He/she seems
(Ellos) Ven	He/she looks
Déjale	He/she gets up
Reconozco	He/she enters
Se levanta	He/she hits me
Me pega	I recognise

2. Find the Spanish (Page 25)

a. I recognise a boy

b. A group of boys

c. They throw money

d. A rubbish bin

e. Next to us

f. They order beers

g. They have a poodle

h. A friend of Ivan's

i. Whilst he points at the rat

j. It seems that

3. Break the flow

a. Ungrupodemuchachosentraenlaplaza

b. Yukiaprovechaparagrabarunvídeo

c. Vienenasentarseenlamesaalladodenosotros

d. Cantascomoungatoatropellado

e. Labocamesabeasangre

f. Elbrutomepegadenuevo

g. Esunapeleaenplenaplaza

h. Ivándesaparecejustocuandolapolicíallega

i. Déjaleganardineroparacomer

4. Spot the cognates

a. Brute	j. Instant
b. Group	k. Just
c. Recognise	l. Much
d. Telephone	m. Intend
e. Amicable	n. Count
f. Signals	o. Police
g. Chant	p. Gorilla
h. Furious	q. Rat
i. Altitude	r. Accompany

5. Faulty translation: correct the English

a. Vienen a sentarse en la mesa al lado de nosotros	*They want to sit at the table next to us*
b. Es una pelea en plena plaza	*It is a party in the middle of the square*
c. Mientras señala a la rata	*Whilst he strokes the rat*
d. Es un país libre	*It is a free meal*
e. Estoy de pie	*I am sitting*
f. Yuki sigue grabando con el teléfono	*Yuki stops filming with her phone*
g. Se levanta muy enfadado	*He gets up very worried*
h. Parece tan fuerte como un gorila	*He looks as ugly as a gorilla*
i. Yo reconozco a un chico	*I recognise a girl*

6. Sentence puzzle: rewrite the sentences in the correct order

a. chico de Es el ojos que vi negros ayer　　*It is the black-eyed boy I saw yesterday*

b. Un muchachos de entra grupo en plaza la　　*A group of boys enters the square*

c. echan su Algunos gorro dinero en　　*Some throw money in his hat*

d. ríen Sus se amigos　　*His friends laugh*

e. No puedo me lo creer　　*I can't believe it*

f. de Intento él me levantarme pero nuevo pega　　*I try to stand up but he hits me again*

g. Parece es caniche que el suyo　　*It looks like the poodle is his*

h. paremos Joanna nos que grita　　*Joanna shouts for us to stop*

---

7. True, False or Not Mentioned?

a. Hassan está tocando la guitarra

b. Tiene un gato que se llama Raúl

c. Yuki está grabando un vídeo de Hassan

d. Sam está enfadado porque un grupo de chicos se burla de Yuki y Joanna

e. Un chico pequeño y delgado pega a Sam

f. Sam reconoce a uno de los chicos

g. Uno de los chicos se llama Kaká

h. Sam se cae al suelo

i. Sam desaparece cuando la policía llega

8. Complete with the options provided

Hay __________ que echa dinero en el gorro de Hassan porque él __________ y toca muy bien la guitarra. Yuki __________ un vídeo del momento.

Hay __________ cuando un grupo de muchachos se __________ en la mesa al lado de Sam. Uno de los __________ se burla de Hassan y de su __________.

Sam se enfada y protesta, pero uno de los chicos le pega un __________ y Sam se cae al suelo.

problemas	rata	graba	puñetazo
gente	canta	sienta	muchachos

---

9. Translate into Spanish

a. He points to　　S________________

b. Punch　　P________________

c. Blood　　S________________

d. He hits　　P________________

e. He shouts　　G________________

f. Fight　　P________________

g. Money　　D________________

h. To earn　　G________________

i. He disappears　　D________________

10. Translate into Spanish

a. They throw money in his cap

b. I recognise a boy

c. Let him earn money to eat

d. He disappears when the police arrive

e. The boy I saw yesterday

f. His friends laugh

g. I don't know what comes over me

h. He gets up very angry

i. My mouth tastes of blood

Extranjeros – Chapter 3 – REVISION

1. True or False?

a. Esa noche Sam no duerme muy bien

b. Hassan conoce muy bien a Sam

c. Sam confunde a Hassan con un asesino

d. La mascota de Hassan es un caniche

e. Hassan toca muy bien la guitarra

f. A Sam no le gusta el pan con tomate

g. En la plaza hay una mujer joven con un carrito

h. Iván y sus amigos insultan a Hassan

i. Hay una pelea en la plaza

j. Iván también le pega a la policía

2. Anagrams - Verbs

a. rmDoir	*To sleep*
b. Ríre	*To laugh*
c. Esrapendo	*Waiting*
d. Te tagus	*You like it*
e. Tegon uqe	*I have to*
f. toCuen	*I count*
g. Ns éo	*I don't know*
h. soTo	*I cough*
i. Me sinteo	*I sit down*
j. eisnPo	*I think*

3. Match questions and answers

¿Por qué tiene miedo Sam por la noche?	*Tiene una rata*
¿Cómo se llama la mascota de Hassan?	*Lleva mucho cartón*
¿Qué tipo de animal tiene Hassan?	*Toman pan con tomate*
¿Qué desayunan Sam y sus amigos?	*Es pelirroja, muy guapa y simpática*
¿Cuál es la comida favorita de Sam?	*Se llama Raúl*
¿Cómo es Valentina?	*Es el chocolate*
¿Qué lleva la viejecita en su carro?	*Porque cree que Hassan es un asesino*
¿Qué tipo de animal tiene Iván?	*Causan problemas y se pelean con Hassan y Sam*
¿Quién tiene un acento muy fuerte?	*Tiene un caniche (un tipo de perro)*
¿Qué encuentra Sam en su cartera?	*El chico estadounidense*
¿Qué hacen Iván y sus amigos?	*Encuentra mucho dinero y una tarjeta de crédito*

4. Reflection: answer the following questions giving your opinion

a. Hasta ahora, ¿cuál es tu personaje favorito?

b. ¿Qué mascota te gusta más, Raúl o Kaká? ¿Por qué?

c. ¿Crees que Sam y Valentina van a tener una relación?

d. ¿Quién crees que escribió el mensaje amenazante - ¡VUELVE A TU PAÍS! - en la pared de Sam?

5. Complete the three-part summary with the correct options

Part 1

Por la noche no puedo ______________ porque estoy muy preocupado. Tengo una pesadilla *[nightmare]* donde un ______________ me persigue. Veo las palabras en la ______________ "VUELVE A TU PAÍS" y tengo mucho ______________. Luego veo que alguien entra en mi habitación. Creo que es un asesino pero solo es mi compañero de habitación, Hassan. Es muy simpático y tiene una ______________ blanca en su bolsillo. Es su mascota. Hassan me ______________ un poco. Me cuenta que soy ______________. Luego me duermo otra vez y ______________ con Valentina.

dormir	conoce	pared	sueño
inglés	miedo	coche	rata

Part 2

El día siguiente voy a la plaza y me ______________ con Joanna. La viejecita siempre está por la plaza con su ______________ lleno de cosas. Hoy tiene mucho cartón. Desayunamos pan con ______________, ¡qué rico! Cuando voy a pagar la ______________ descubro que tengo MUCHO dinero en mi cartera, y una tarjeta de crédito con un ______________ que no es el mío. En la plaza, Hassan está ______________ la guitarra. Toca muy ______________ y me gusta mucho. A Yuki también le gusta y ______________ un vídeo del momento.

cuenta	tocando	nombre	carrito
bien	encuentro	tomate	graba

Part 3

Luego, Iván y sus amigos empiezan a causar ______________. Iván tiene un amigo grande y fuerte, como un ______________. También tiene un caniche que se llama Kaká. El perro tiene mala leche, ______________ que su dueño. Iván y sus amigos les dicen a Hassan que vive en la ______________ con sus amigas las ratas y luego ______________ a pegarle. Sam intenta parar la pelea, pero le pegan a él ______________. En ese momento, la ______________ llega e Iván y sus ______________ desaparecen.

empiezan	basura	también	igual
gorila	amigos	problemas	policía

1. Find the Spanish (Page 15)
a. Pensamientos   b. Me mantienen despierto   c. En mis sueños   d. El mensaje amenazante
e. Alguien   f. Más fuerte   g. No veo nada   h. Salvo
i. Asustado   j. Grito   k. Se acerca a mí

2. Spot the cognates
a. Voz   b. Mantener   c. Perseguir   d. Repite   e. Figura
f. Reconoce   g. Salvo   h. Asesino   i. Pensamiento   j. Profunda
k. Compañero

3. Break the flow
a. Mis pensamientos me mantienen despierto   b. Veo los ojos negros de Iván
c. Me despierto en plena noche   d. ¿No me reconoces o qué?
e. La figura se acerca a mí   f. Pero no tiene pinta de asesino
g. No puedo moverme de miedo   h. La figura se empieza a reír

4. Complete with the missing words
a. me   b. No   c. el   d. la   e. de   f. es   g. por   h. en

5. Match up
pensamiento ; **thought**   amenazante ; **threatening**
mensaje ; **message**   asustado ; **scared**
escrito ; **written**   alguien ; **someone**
cómoda ; **comfortable**   daño ; **damage/hurt**

6. Broken words
a. hom**bre**   b. v**oz**   c. mi**edo**   d. asust**ado**   e. dud**ando**   f. borr**acho**

7. Sentence puzzle: rewrite the sentences in the correct order
a. No puedo dormir muy bien   b. Me despierto en plena noche
c. Mis pensamientos me mantienen despierto   d. Me siento en la cama asustado
e. La figura se acerca a mí   f. Un coche verde me persigue
g. Veo los ojos negros de Iván   h. ¿Por qué quieres hacerme daño?
i. El mensaje amenazante está escrito por todas las paredes

8. Spot and correct the spelling/grammar mistakes
a. No tiene **pinta** de asesino   b. No puedo **moverme** de miedo   c. ¿**Estás** enfermo o **borracho**?
d. Le pregunto **asustado**   e. Pregunto **otra** vez   f. ¿Te **pasa** algo?   g. ¿No me **reconoces**?

9. Translate into English
a. Suddenly   b. I don't want to die   c. He is making fun of me
d. He doesn't look like a murderer   e. Are you drunk?   f. There was a car
g. Who are you?   h. I ask him   i. You are in my bed

10. Translate into Spanish
a. Me despierto en plena noche   b. La figura se acerca a mí
c. Veo los ojos negros de Iván   d. Salvo una figura al lado de la puerta
e. No puedo dormir muy bien   f. Alguien repite: —¿Estás bien?
g. ¿Por qué quieres hacerme daño?   h. La cama es muy cómoda
i. ¡No quiero morir!

1. Hidden phrases

a. Te conozco un poco
b. Tengo la impresión
c. Acariciando el animal
d. ¿No te acuerdas de Raúl?
e. Le enseño la nota
f. Se sienta en la cama
g. No sé exactamente
h. Hassan me mira y dice
i. Tengo enemigos
j. Saca algo

2. Spot the cognates

a. Impresión
b. Nota
c. Ciudad
d. Exactamente
e. Probablemente
f. Animal
g. Enemigos
h. Rata
i. Chaqueta
j. Mascota

3. Break the flow

a. Por la mañana me cruzo con Valentina
b. La viejecita también está allí
c. Yo soy tu amigo y te voy a ayudar
d. Decidimos ir juntos a la plaza a tomar un café
e. Hassan saca una tableta de chocolate
f. Creo que es una vagabunda
g. Mañana vas a ir a la escuela de idiomas
h. Esperando algo importante
i. Hassan le da un trozo a la rata y un trozo a mí

4. Broken words

a. Al**go**   b. Enem**igos**   c. Jun**tos**   d. Carr**ito**   e. Lle**no**   f. Vaga**bunda**   g. Ay**udar**   h. Esper**ando**   i. Vieje**cita**

5. Sentence puzzle: rewrite the sentences in the correct order

a. Saca algo del bolsillo
b. Dice Hassan acaraciando el animal
c. ¿No te acuerdas de Raúl?
d. Oye, te conozco un poco
e. No sé exactamente por qué estás aquí
f. No sé ni quién soy ni por qué estoy aquí
g. Se sienta en la cama con Raúl
h. Tengo enemigos en esta ciudad

6. Break the flow

a. Saca algo del bolsillo de su chaqueta
b. ¿No te acuerdas de Raúl, mi mascota?
c. Le enseño la nota de mi bolsa
d. Tengo enemigos en esta ciudad
e. No sé exactamente por qué estás aquí
f. Tiene una rata
g. No sé ni quién soy ni por qué estoy aquí
h. Oye, te conozco un poco
i. Hassan me mira y dice

7. Definitions game

a. inglés
b. rata
c. cama
d. chaqueta
e. bolsa
f. viejecita
g. café
h. pensión
i. creo

8. Spot and add in the missing words

a. Hassan saca una tableta **de** chocolate
b. Yo soy tu amigo y te voy **a** ayudar
c. Por la mañana **me** cruzo con Valentina
d. La viejecita está allí con su carrito lleno **de** cartón
e. Decidimos ir **a** la plaza **a/para** tomar un café
f. Creo **que** es una vagabunda
g. No **te** preocupes
h. Te gusta **el** chocolate tanto como a Raúl

9. Broken words

a. Bols**illo**
b. Mas**cota**
c. Par**ece**
d. Te con**ozco**
e. Le ens**eño**
f. Ant**es**
g. Bol**sa**
h. Mien**tras**
i. Enem**igos**
j. Chaq**ueta**

10. Faulty translation: correct the English

a. I know you **a bit**
b. Don't you **remember**?
c. I have **enemies**
d. It **seems** so
e. **Before** saying
f. In order to learn **Spanish**
g. He **looks at** me and says
h. **Listen**
i. I don't know **exactly**

11. Translate into Spanish

a. Tiene una rata
b. Tengo la impresión
c. ¿No te acuerdas?
d. Te conozco un poco
e. Saca una tableta de chocolate
f. Me da un trozo a mí
g. Decidimos ir juntos a la plaza
h. Creo que es una vagabunda
i. Te voy a ayudar

ANSWERS – Chapter 3 – Pages 19-20

1. Detectives: work out the hidden sentences (Page 19)
a. Hace sol pero no hace mucho calor
b. ¡Todavía estás vivo!
c. Tengo que volver
d. Les cuento lo que pasó
e. Hay un montón de cosas que hacer
f. Intercambian números de teléfono
g. Está muy rico
h. Nos sentamos con ella
i. Se ríen mucho

2. Break the Flow (Page 19)
a. Les cuento lo que me pasó por la noche
b. Dice Valentina mientras se levanta
c. Joanna y Valentina intercambian números de teléfono
d. Hace sol pero no hace mucho calor porque es temprano
e. Hay un montón de cosas que hacer
f. Prueba el pan con tomate
g. Joanna tiene razón
h. Nos sentamos con ella en la plaza

3. Find the Spanish (Page 19)
a. ¿Tienes hambre?
b. Yo voy a desayunar
c. ¿Vienes?
d. Sonrío
e. Todavía es temprano
f. Les cuento lo que pasó
g. Se ríen mucho
h. Está muy rico
i. El pan
j. Joanna tiene razón
k. Tengo que volver
l. Un montón de cosas
m. Mientras se levanta
n. Intercambian

4. True, False or Not Mentioned?
a. NM   b. True   c. False   d. False   e. True   f. True   g. False/NM   h. NM   i. True   j. False

5. Sentence puzzle: rewrite the sentences in the correct order
a. Me saluda y me da un abrazo
b. No hace mucho calor porque es muy temprano
c. Prueba el pan con tomate
d. Hay un montón de cosas que hacer
e. Saco mi cartera y la abro
f. A lo mejor podemos pedir churros también
g. Pago la cuenta y miro la tarjeta de crédito
h. Dicen que hay un ladrón en la plaza

6. Match up
Me da un abrazo ; **He/she gives me a hug**
Es temprano ; **It's early**
Prueba el pan ; **He/she tries the bread**
Se ríen mucho ; **They laugh a lot**
Tiene razón ; **He/she is right**
Intercambian ; **They exchange**
Saco mi cartera ; **I take out my wallet**
Podemos pedir ; **We can order**
Una tarjeta de crédito ; **A credit card**
Ten cuidado ; **Be careful**
Hay un ladrón ; **There's a thief**
Pago la cuenta ; **I pay the bill**

7. Complete (Page 20 only)
a. crédito   b. billetes   c. llena   d. cuidado   e. Saco   f. hay   g. dice   h. cuenta   i. quién   j. mejor

8. Translate into Spanish
a. Hay un montón de cosas que hacer
b. Intercambian números de teléfono
c. Saco mi cartera
d. Pago la cuenta con la tarjeta de crédito
e. Prueba el pan con tomate
f. Hay dos mil euros
g. Ella dice que no
h. A lo mejor podemos pedir churros
i. Todavía es temprano
j. ¿De quién es esta tarjeta de crédito?
k. Dicen que hay un ladrón
l. Dentro hay dinero
m. Tengo que volver al hostal
n. El pan con tomate está delicioso

ANSWERS – Chapter 3 – Pages 21-22

1. Hidden phrases
a. Los bolsos y las carteras
b. En el casco viejo
c. Un edificio moderno
d. Todos los países del mundo
e. Lleva maquillaje negro
f. Un vestido largo
g. Estoy un poco nervioso
h. Sobre mi vida
i. Con un acento muy fuerte

2. Break the flow
a. Es un edificio moderno y parece más una oficina que una escuela
b. Alguien está robando los bolsos y las carteras de los turistas
c. Dentro hay banderas de todos los países del mundo
d. Sus ojos son azules y su mirada inocente
e. Mis compañeros me preguntan sobre mi vida
f. Es mi primera clase y estoy un poco nervioso

3. Anagrams
a. Banderas   b. Mundo   c. Maquillaje   d. Calavera   e. Trozo   f. Vida   g. Joven

4. Faulty translation
a. A modern **building**
b. The bags and **wallets**
c. The **language school**
d. In the old **town**
e. A **piece** of bread
f. All the **countries** in the world
g. She has black **nails**
h. Do you have any **scars**?
i. The other **youngsters**
j. They ask me about my **life**
k. I can **guess**

5. True of False?
a. False   b. False   c. True   d. False   e. True   f. False   g. True

6. Translate into English
a. Flags   b. Old town   c. Wallets   d. Black nails   e. Inside   f. Makeup   g. Languages
h. To know   i. They ask   j. Life

7. Missing words: insert the missing 'de' into each sentence
a. Vamos a la escuela **de** idiomas
b. Cojo un trozo **de** pan
c. Hay banderas **de** todo el mundo
d. [...] los bolsos y carteras **de** los turistas
e. Jóvenes **de** todas partes...
f. [...]en forma **de** calavera
g. Es la hora **de** entrar en clase
h. Un joven **de** los Estados Unidos [...]

8. Answer the questions below in Spanish
a. Los bolsos y las carteras
b. Un trozo de pan con tomate
c. Trabalenguas
d. En el casco viejo
e. La escuela de idiomas
f. Banderas de todo el mundo
g. Yuki tiene el pelo negro y los ojos azules
h. Un vestido negro
i. Si tiene alguna cicatriz
j. Es su primera clase
k. Se llama Renata
l. Es agradable
m. Un joven de los Estados Unidos
n. No lo sabe, tal vez dieciséis

9. Split sentences
Alguien está robando **los bolsos y carteras**
Vamos a la escuela **de idiomas**
La escuela está en **el casco viejo**
Hay banderas de **todos los países**
Yuki tiene las **uñas negras**
Es un edificio **moderno**
Sus ojos **son azules**
Los otros jóvenes **parecen simpáticos**
La profesora es **agradable**
Es la hora de **entrar en clase**

10. Translate into Spanish
a. Alguien está robando los bolsos y las carteras de los turistas
b. Vamos a la escuela de idiomas
c. Dentro hay banderas de todos los países del mundo
d. Tiene las uñas negras y lleva maquillaje negro
e. Está en el casco viejo, cerca del ayuntamiento
f. Es la hora de entrar en clase
g. Los otros jóvenes parecen simpáticos
h. Joanna me presenta a Yuki
i. Cojo un trozo de pan con tomate
j. Algunos jóvenes charlan en diferente idiomas

1a. Find on Page 23
a. Supongo   b. Extraño   c. Digo   d. Otro   e. Toso   f. A ver
g. Quiero llorar   h. No quiero   i. Al final   j. Me pregunta   k. No sé qué decir

1b. Find on Page 24
a. Su mascota   b. Compañero de habitación   c. Viejecita   d. Plaza   e. Cubo de basura
f. Veo   g. Mientras   h. Bocadillos   i. Mirar a   j. Está tocando   k. Les cuento todo

2. Translate into English
a. Unusual/strange   b. I cough   c. In the end   d. To look
e. I tell them everything   f. His pet   g. He/she asks me   h. I suppose
i. The little old lady   j. Rubbish bin   k. Roommate

3. Break the flow
a. No se qué decir   b. No sé si tengo hermanos   c. No quiero más preguntas   d. El estadounidense
e. Supongo que es extraño   f. No me siento bien   g. Le cuento todo sobre Hassan   h. Toda la clase se ríe
i. Toso y digo

4. Faulty translation
a. She **looks at** me interested   b. I don't know what to **say**   c. I say **in the end**
d. I **don't feel** well   e. With a **surprised** face   f. I **cough** and say
g. He **tilts** his head   h. He is **hungry**   i. I like how he **plays**

5. Spot and correct the spelling mistakes
a. Estadounide**n**se   b. Guitarra   c. Viejecita   d. Habitación   e. Música
f. Interes**a**da   g. Mi compañero de clase   h. No s**é** qu**é** decir   i. No quiero m**á**s preguntas
j. No s**é** si tengo hermanos   k. No me s**ie**nto bien   l. Exac**t**amente

6. Spot the cognates (Pages 23 & 24)
a. Compañero   b. Guitarra   c. Inclinada   d. Exactamente   e. Personas   f. Familia
g. Interesada   h. Única   i. Variada   j. Música   k. Café

7. Match questions and answers
¿Quién es Renata? **La profesora de español**   ¿Quién se queda en La Posada de Manolo? **Sam**
¿Qué dice Joanna a las dos de la tarde? **Que tiene hambre**   ¿Quién es Hassan? **Es el compañero de habitación de Sam**
¿Adónde van Joanna, Yuki y Sam? **A la plaza**   ¿Qué hace la viejecita? **Busca algo en el cubo de basura**
¿Qué toman los jóvenes? **Un café**   ¿Quién tiene una cara de sorpresa? **El chico estadounidense**
¿Cómo se llama la mascota de Hassan? **Raúl**   ¿Qué van a comer? **Bocadillos**
¿Qué instrumento toca Hassan? **La guitarra**

8. Broken words
a. La vieje**cita**   b. La habit**ación**   c. Sonr**íe**   d. To**so**   e. La guit**arra**   f. Mi compañ**ero**
g. Estadounide**nse**   h. Pregu**nta**   i. Ot**ro**   j. Ext**raño**   k. Emp**iezo**

9. Missing letters challenge: opposites
a. Extraño   b. Final   c. Menos   d. Amigo   e. Preguntas   f. Anterior

10. Translate into Spanish
a. Me mira   b. Les cuento todo   c. Está buscando algo
d. No sé qué decir   e. Con cara de sorpresa   f. Es extraño
g. Digo al final   h. Quiero llorar   i. No me siento bien
j. Tiene hambre otra vez   k. En el otro lado   l. No soy el único

1. Match up

Dice ; **He/she says**   Parece ; **He/she seems**   Se ríen ; **They laugh**   Echan ; **They throw**

Entra ; **He/she enters**   Mira ; **He/she looks**   (Ellos) Ven ; **They see**   Déjale ; **Let/leave him/her**

Reconozco ; **I recognise**   Se levanta ; **He/she gets up**   Me pega ; **He/she hits me**

2. Find the Spanish (Page 25)

a. Yo reconozco a un chico   b. Un grupo de muchachos   c. Echan dinero

d. Un cubo de basura   e. Al lado de nosotros   f. Piden cervezas

g. Tienen un caniche   h. Un amigo de Iván   i. Mientras señala a la rata

j. Parece que

3. Break the flow

a. Un grupo de muchachos entra en la plaza   b. Yuki aprovecha para grabar un vídeo

c. Vienen a sentarse en la mesa al lado de nosotros   d. Cantas como un gato atropellado

e. La boca me sabe a sangre   f. El bruto me pega de nuevo

g. Es una pelea en plena plaza   h. Iván desaparece justo cuando la policía llega

i. Déjale ganar dinero para comer

4. Spot the cognates

a. Bruto   b. Grupo   c. Reconozco   d. Teléfono   e. Amigos   f. Señala   g. Canta

h. Furioso   i. Alto   j. Instante   k. Justo   l. Mucho   m. Intento   n. Cuenta

o. Policía   p. Gorila   q. Rata   r. Acompaña

5. Faulty translation: correct the English

a. They **come** to sit at the table next to us   b. It is a **brawl/fight** in the middle of the square

c. Whilst he **points to** the rat   d. It is a free **country**

e. I am **standing**   f. Yuki **keeps/carries on** filming with her phone

g. He gets up very **angry**   h. He looks as **strong** as a gorilla

i. I recognise a **boy**

6. Sentence puzzle: rewrite the sentences in the correct order

a. Es el chico de ojos negros que vi ayer   b. Un grupo de muchachos entra en la plaza

c. Algunos echan dinero en su gorro   d. Sus amigos se ríen

e. No me lo puedo creer   f. Intento levantarme pero él me pega de nuevo

g. Parece que el caniche es suyo   h. Joanna nos grita que paremos

7. True, False or Not Mentioned?

a. True   b. False   c. True   d. False   e. False

f. True   g. False   h. True   i. False

8. Complete with the options provided

Hay **gente** que echa dinero en el gorro de Hassan porque él **canta** y toca muy bien la guitarra. Yuki **graba** un vídeo del momento. Hay **problemas** cuando un grupo de muchachos se **sienta** en la mesa al lado de Sam. Uno de los **muchachos** se burla de Hassan y de su **rata.** Sam se enfada y protesta, pero uno de los chicos le pega un **puñetazo** y Sam se cae al suelo.

9. True, False or Not Mentioned?

a. Señala   b. Puñetazo   c. Sangre   d. Pega   e. Grita

f. Pelea   g. Dinero   h. Ganar   i. Desaparece

10. Translate into Spanish

a. Echan dinero en su gorro   b. Reconozco a un chico   c. Déjale ganar dinero para comer

d. Desaparece cuando la policía llega   e. El chico que vi ayer   f. Sus amigos se ríen

g. No sé qué me pasa   h. Se levanta muy enfadado   i. La boca me sabe a sangre

ANSWERS – Chapter 3 – REVISION

1. True or false?

a. True   b. False   c. True   d. False   e. True
f. False   g. False   h. True   i. True   j. False

2. Anagrams - Verbs

a. Dormir   b. Reír   c. Esperando   d. Te gusta   e. Tengo que
f. Cuento   g. No sé   h. Toso   i. Me siento   j. Pienso

3. Match questions and answers

¿Por qué tiene miedo Sam por la noche?	**Porque cree que Hassan es un asesino**
¿Cómo se llama la mascota de Hassan?	**Se llama Raúl**
¿Qué tipo de animal tiene Hassan?	**Tiene una rata**
¿Qué desayunan Sam y sus amigos?	**Toman pan con tomate**
¿Cuál es la comida favorita de Sam?	**Es el chocolate**
¿Cómo es Valentina?	**Es pelirroja, muy guapa y simpática**
¿Qué lleva la viejecita en su carro?	**Lleva mucho cartón**
¿Qué tipo de animal tiene Iván?	**Tiene un caniche (un tipo de perro)**
¿Quién tiene un acento muy fuerte?	**El chico estadounidense**
¿Qué encuentra Sam en su cartera?	**Encuentra mucho dinero y una tarjeta de crédito**
¿Qué hacen Iván y sus amigos?	**Causan problemas y se pelean con Hassan y Sam**

4. Reflection: answer the following questions giving your opinion

Students can use these suggested structures as a template to provide their personal opinions

a. Mi personaje favorito es …   b. Me gusta más … porque …   c. Creo que sí / Creo que no   d. Creo que lo escribió …

5. Complete the three-part summary with the correct options

Part 1

Por la noche no puedo **dormir** porque estoy muy preocupado. Tengo una pesadilla *[nightmare]* donde un **coche** me persigue. Veo las palabras en la **pared** "VUELVE A TU PAÍS" y tengo mucho **miedo.** Luego veo que alguien entra en mi habitación. Creo que es un asesino pero solo es mi compañero de habitación, Hassan. Es muy simpático y tiene una **rata** en su bolsillo. Es su mascota. Hassan me **conoce** un poco. Me cuenta que soy **inglés**. Luego me duermo otra vez y **sueño** con Valentina.

Part 2

El día siguiente voy a la plaza y me **encuentro** con Joanna. La viejecita siempre está por la plaza con su **carrito** lleno de cosas. Hoy tiene mucho cartón. Desayunamos pan con **tomate**, ¡qué rico! Cuando voy a pagar la **cuenta** descubro que tengo MUCHO dinero en mi cartera, y una tarjeta de crédito con un **nombre** que no es el mío. En la plaza, Hassan está **tocando** la guitarra. Toca muy **bien** y me gusta mucho. A Yuki también le gusta y **graba** un vídeo del momento.

Part 3

Luego, Iván y sus amigos empiezan a causar **problemas**. Iván tiene un amigo grande y fuerte, como un **gorila**. También tiene un caniche que se llama Kaká. El perro tiene mala leche, **igual** que su dueño. Iván y sus amigos les dicen a Hassan que vive en la **basura** con sus amigas las ratas y luego **empiezan** a pegarle. Sam intenta parar la pelea, pero le pegan a él **también**. En ese momento, la **policía** llega e Iván y sus **amigos** desaparecen.

CHAPTER 4

HASSAN Y RAÚL

1a. Find in the text on Page 29

a. Police station

b. Plastic chairs

c. Wall

d. Fan

e. Familiar

f. Woman

g. Someone

h. Stole

i. Bag

j. Husband

1b. Find in the text on Page 30

a. To fight

b. To happen

c. First time

d. I am not sure

e. Another room

f. Tape recorder

g. Work

h. Buzzing noise

i. Noisy

j. Suddenly

2. True, False or Not Mentioned?

a. Víctor es fuerte y musculoso

b. Víctor tiene una cara familiar

c. Hace fresco en la comisaría

d. Hay una mujer rusa que no está nada contenta

e. Víctor va a detener a Sam y Hassan

f. Sam habla con Víctor, mientras Hassan habla con otro policía

g. Hay aire acondicionado, pero no funciona muy bien

3. Match up

Zumbido	Lawyer (m)
Grabadora	Angry (f)
Nada	Buzzing noise
Enfadada	Police station
Ventilador	Fan
Abogado	Slowly
Comisaría	Jewels
Despacio	Tape recorder
Joyas	Nothing

4. Sentence puzzle: rewrite the sentences in the correct order

a. enfadada La está mujer muy   *The woman is very angry*

b. El despacio muy ventilador gira   *The fan spins very slowly*

c. nosotros viene a hablar con Víctor   *Victor comes to talk with us*

d. La rusa dice que es mujer   *The woman says she is Russian*

e. está Hassan no nada contento   *Hassan is not at all happy*

f. Víctor lleva me sala a otra   *Victor takes me to another room*

g. para que tiene preguntas Dice mí   *He says he has questions for me*

h. serio De parece muy repente, todo   *Suddenly, it all seems very serious*

5. Faulty translation: correct the English

a. Hay varias sillas de plástico	*There are various plastic bags*
b. Le mujer se va indignada	*The man leaves annoyed*
c. Dice que alguien le robo el bolso	*She says that someone stole her money*
d. Su cara me resulta conocida	*His voice sounds familiar*
e. No hay ventanas	*There are no tables*
f. No se puede pelear en la plaza	*One cannot fight in the streets*
g. Me lleva a otra sala	*He takes me to another office*
h. De repente, todo parece serio	*All of a sudden, everything seems funny*

6. Break the flow

a. Haceunzumbidomuyruidoso

b. Noeslaprimeravezqueestáenlacomisaría

c. Noséquévaapasar

d. Dicequenosepuedepelearenlaplaza

e. Elventiladorgiramuydespacio

f. Lamujerestámuyenfadada

g. Nohayventanasperohayunventiladoreneltecho

h. Hayvariassillasdeplásticoenlíneacontralapared

7. Broken words

a. La com__________	*The police station*
b. La par__________	*The wall*
c. Des____________	*Slowly*
d. Con____________	*Familiar; known*
e. La mu__________	*The woman*
f. Pel____________	*To fight*
g. Preg____________	*Questions*
h. Zum____________	*Buzzing sound*

8. Complete with the missing verbs

a. Sam ___________ en la comisaria con Hassan

b. En la recepción _________ varias sillas de plástico

c. El ventilador __________ muy despacio

d. El policía __________ Víctor

e. La mujer rusa ___________ muchas joyas

f. La mujer __________ muy enfadada

g. Víctor dice que no se puede _________ en la plaza

h. Víctor ________ que tiene preguntas para Sam

dice	lleva	se llama	está
hay	está	gira	pelear

9. Translate into Spanish

a. There are plastic chairs

b. There is a fan on the ceiling

c. I am very hot

d. Victor's face is familiar

e. There is a Russian lady

f. She is angry

g. I don't know what will happen to us

h. Victor takes Sam to another room

i. There is air conditioning

j. It makes a loud buzzing noise

k. Everything seems serious

1. Tick or cross: are they in the text? (P31)

a. Lawyer	j. Clear
b. Russian	k. Sighing
c. Questions	l. Money
d. Key	m. I don't remember
e. Last name	n. Smells like
f. First name	o. Bad mood
g. Fight	p. To ask
h. Chair	q. To answer
i. To smile	r. Pause

2. Break the flow (Page 32)

a. Nomeacuerdomuybiendemiapellido

b. Notengotiempoparajuegos

c. Sientoelsudorporlaespalda

d. Todavíanosédequiénesnitampocoquiénsoy

e. Hayunladrónenelcentrorobandodinero

f. Sualientohueleacaférancio

g. Víctorseacercaamí

h. Piensoeneldineroyenlatarjetadecrédito

i. Noestamosenelpatiodelcolegio

3. Find the Spanish (Page 31)

a. I need

b. You have to answer

c. I try

d. Sighing

e. Barks

f. Bad mood

g. I answer

h. I ask him

i. Last name

j. In the eyes

4. Find the Spanish (Page 32)

a. I repeat

b. I don't remember

c. Credit card

d. Sweat

e. I don't know what to do

f. Listen to me

g. School playground

h. Stale coffee

i. Stare

j. I don't have time

5. Spot the cognates (Pages 31 & 32)

a. Agent	j. Repeat
b. Advocate	k. Penetrating
c. Russian	l. College
d. Humour	m. To rob
e. Clear	n. Centre
f. Intent	o. Coffee
g. Tense	p. Nervous
h. Tourists	q. Credit
i. Pause	r. Patio

6. Definitions game (Page 31)

a. Un policía: a _ _ _ _ _

b. Una nacionalidad: r _ _ _

c. No esta contenta: está de mal h _ _ _ _

d. Una parte de la cabeza: c _ _ _

e. Contrario de 'pregunto': c _ _ _ _ _ _ _

f. Una profesión: a _ _ _ _ _ _ _

g. Sirve para escribir: b _ _ _ _ _ _ _ _

h. Sirven para ver: o _ _ _

i. Contrario de respuestas: p _ _ _ _ _ _ _ _ _

7. True, False or Not Mentioned?

a. La mujer rusa está enfadada

b. Víctor es un agente de policía

c. Sam tiene un abogado

d. Sam no se acuerda de su apellido

e. La mujer rusa es muy guapa

f. Víctor es alto y calvo

g. El aliento de Víctor huele a cebolla

h. Víctor busca a un ladrón que roba dinero a los turistas

i. Sam no está preocupado

j. ¡El ladrón es un pingüino!

8. Translate into English

a. Apellido

b. Me mira

c. No me acuerdo

d. Entonces

e. Mal humor

f. Mirada

g. Claro

h. Tarjeta de crédito

i. Quizá

j. Sudor

9. Sentence puzzle: rewrite the sentences in the correct order

a. tiempo No tengo juegos para — *I don't have time for games*

b. sé No hacer qué — *I don't know what to do*

c. sonreír Intento mi pero está cara tensa — *I try to smile but my face is tense*

d. tus Voy a contestar preguntas — *I am going to answer your questions*

e. me los mira a Víctor ojos — *Victor looks at me in the eyes*

f. Hay robando en el un ladrón centro dinero — *There is a thief in the town centre stealing money*

g. en el Pienso que cartera tengo dinero en la — *I think about the money I have in the wallet*

h. el sudor por la Siento espalda — *I feel sweat on my back*

i. mí Víctor se a acerca — *Victor gets close to me*

10. Tangled translation: rewrite in Spanish

a. No tengo **time for games**

b. **I feel the** sudor por **the** espalda

c. Pienso en el **money** y la **credit card**...

d. ...**that** tengo **in** la **wallet**

e. No me **remember** muy **well** de mi **last name**

f. ¿**Is it** claro?

g. Víctor **takes out** un bolígrafo **and** un **notebook**...

h. ...**and** me **looks** a los **eyes**

i. **I need** un abogado

11. Translate into Spanish

a. His breath smells

b. I feel sweat

c. I think about the money

d. I don't remember my last name

e. There is a thief

f. Perhaps I am the thief

g. I don't know what to do

h. I don't know whose it is

i. The credit card I have in my wallet

1. Match (Page 33)

Me alojo	In the end
Quiero decir	He dries
Lo primero	I must go out
Se seca	I mean
Saca	The sweat
Me estoy muriendo	The first thing
El sudor	Whilst
Mientras	I stay
Tengo que salir	I am dying
Al final	He takes out

2. Find on Page 34

a. I don't have anything

b. (He) smiles

c. I am sure that

d. I am sweating

e. (He) thinks

f. He looks at me

g. I have to see

h. Like a chicken

i. (He) is going to put me in jail

j. I am the thief

3. Spot the cognates

a. Identification

b. Convinced

c. Passport

d. English

e. Front

f. Panic

g. Finally

h. London

i. Agent

j. Incarcerated

4. Break the flow

a. Sacasupañueloysesecaelsudordelafrente

b. Meestoymuriendodepánico

c. Víctorpiensaqueyosoyelladrón

d. Memiraconlosojosentrecerrados

e. Yoséquetucarteraestáentumochila

f. Víctorpuedeverelsudorenmifrente

g. Tengodosmileurosenmicartera

h. Tengoquesalirdeaquíperonosécómo

i. Víctormevaameterenlacárcel

j. Estoyempezandoapensarquesoyelladrón

5. Faulty translation - challenge. BEWARE, some of the sentences are actually correct!

a. Estoy seguro	*I am scared*	i. Tengo que salir	*I have to be strong*
b. Me mira	*He listens to me*	j. Saca su pañuelo	*Takes out his wallet*
c. Yo sé	*I think*	k. Hace mucho calor	*It is very hot*
d. Tengo que ver	*I have to see*	l. Estoy pensando	*I am talking*
e. Estoy sudando	*I am thinking*	m. Soy el ladrón	*I am the thief*
f. Está mucho mejor	*That's much better*	n. Tu cartera	*Your bag*
g. Me estoy muriendo	*I am dying*	o. En la cárcel	*In prison*
h. Me alojo	*I shake*	p. Estoy convencido	*I am hesitant*

6. Sentence puzzle: rewrite the sentences in the correct order

a. otra a Pasamos pregunta — *Let's move on to another question*

b. frente Se sudor de seca el la — *He dries the sweat from his forehead*

c. estoy Me de muriendo pánico — *I am dying of panic (I am panicking to death)*

d. por la que me Lo primero pasa cabeza — *The first thing that crosses my head*

e. a meter va en la Me cárcel — *He is going to put me in prison*

f. ver Puede el en mi sudor frente — *He can see the sweat on my forehead*

g. los entrecerrados Me mira ojos con — *He looks at me with narrowed eyes*

h. ¿ algo Hay no que que quieres vea? — *Is there anything you don't want me to see?*

7. The following sentences have been copied wrongly. Can you correct them?

a. Tengo que salir aquí — *I have to get out of here*

b. Alojo en La Posada de Manolo — *I stay at Manolo's Inn*

c. Me soy muriendo de pánico — *I am panicking to death*

d. Decido decir primero que... — *I decide to say the first thing...*

e. ...me pasa la cabeza — *...that crosses my head*

f. Vivo en Londres con mi padres — *I live in London with my parents*

g. Víctor me va meter en la cárcel — *Victor is going to put me in prison*

h. Hace mucha calor en el comisaría — *It is very hot in the police station*

i. Víctor pienso que *yo* soy el ladrón — *Victor thinks that I am the thief*

8. Broken words

a. Dos m _ _ — *2000*

b. Me interr _ _ _ _ — *He interrupts me*

c. Pa _ _ _ _ _ — *Handkerchief*

d. Car _ _ _ _ — *Wallet*

e. De _ _ _ — *To say*

f. El su _ _ _ — *The sweat*

g. Al fi _ _ _ — *In the end*

h. Cha _ _ _ — *Kid, boy*

i. La cár _ _ _ — *Jail*

j. La _ _ _ _ _ — *Thief*

k. Fr _ _ _ _ — *Forehead*

9. Translate into Spanish

a. I am sweating like a chicken

b. I am convinced

c. I am the thief

d. He looks at me

e. It is very hot

f. I am thinking

g. I have to see

h. The first thing that crosses my mind

i. I am panicking to death

j. I don't have anything

k. I have to get out of here

1. Find the Spanish (Page 35)	**2. Find the Spanish (Page 36)**	**3. Translate into English**
a. Nothing N _ _ _	a. Boss J _ _ _	a. No digo nada
b. Now A _ _ _ _ _	b. Angry E _ _ _ _ _ _ _	b. ¿De quién son?
c. Wallet C _ _ _ _ _ _	c. While M _ _ _ _ _ _ _	c. Imagino mi vida
d. Life V _ _ _	d. I see V _ _	d. Un compañero de celda
e. Thief L _ _ _ _ _ _	e. I look M _ _ _	e. Estoy paralizado
f. Sweat S _ _ _ _	f. I start E _ _ _ _ _ _ _	f. De repente
g. Another O _ _ _	g. Proof P _ _ _ _ _	g. Está aquí
h. Says D _ _ _	h. Whistles S _ _ _ _	h. Pasan cinco minutos
i. Jail C _ _ _ _ _ _	i. She wants Q _ _ _ _ _ _	i. De nuevo
j. Cell C _ _ _ _	j. True V _ _ _ _ _	j. Me mira
k. Woman M _ _ _ _	k. Niece S _ _ _ _ _ _	k. ¿Es verdad?
l. Door P _ _ _ _ _	l. With you C _ _ _ _ _ _	l. Me sonríe

4. Sentence puzzle: rewrite the sentences in the correct order

a. dos mil la Tengo euros en cartera	*I have 2000 euros in the wallet*
b. Sé Sam llamo que me	*I know that my name is Sam*
c. Mi empapada está de camiseta sudor	*My t-shirt is soaked with sweat*
d. sala Otro entra en policía la	*Another policeman enters the room*
e. preocupada pero está Me sonríe	*She smiles at me but is worried*
f. Mi dice que sobrina te con alojas ella	*My niece tells me you stay with her*
g. una habitación Estoy en en Posada de La Manolo	*I am in a room at Manolo's Inn*

5. Break the flow

a. VeoqueValentinaestáallíconVíctor

b. Pasancincominutos

c. Dicequeesurgente

d. Micamisetaestáempapadadesudor

e. Imaginomividaenlacárcel

f. AhoradudosisoySamelladrón

g. Quierodeciralgoperonodigonada

h. Ahoramismovuelvoasíquepreparatucartera

6. Match up

Contigo	Again
Pruebas	Whistles
De nuevo	With you
Veo que	Says
Silba	Suddenly
Dice	Proof
De repente	Angry
Enfadado	I see that

7. Faulty translation: correct the English

a. Necesito ver tu cartera	*I need to see your bag*
b. Me dice mientras sale	*He shouts as he goes out*
c. Imagino mi vida en la cárcel	*I imagine my bed in prison*
d. Empapada de sudor	*Soaked with water*
e. La puerta se abre	*The door closes*
f. Víctor me mira	*Victor shouts at me*
g. ¿De la mujer rusa?	*The rushing woman's?*
h. Empiezo a pensar	*I start to doubt*
i. Me dice	*He explains to me*
j. Sin embargo	*In addition*
k. Tiene más pruebas	*He has more questions*

8. Translate into English

a. Silba

b. Preocupada

c. Me sonríe

d. Miro

e. Pruebas

f. Vuelvo

g. Enfadado

h. Se abre

i. Cárcel

j. Mujer

k. De repente

9. Spot the cognates (Pages 35 & 36)

a. Paralysed	g. Lynx
b. Police	h. Demonstrate
c. Urgent	i. Cell
d. Russian	j. Preoccupied
e. Minute	k. Seriously
f. Imagine	l. Companion

10. Broken words

a. Na _ _	*Nothing*
b. Mu _ _ _	*Woman*
c. Pu _ _ _ _	*Door*
d. Cár _ _ _	*Jail*
e. La pe _ _	*The worst*
f. Su _ _ _	*Sweat*
g. Cart _ _ _	*Wallet*
h. Cel _ _	*Cell*

11. Translate into Spanish

a. I imagine my life

b. I am paralysed

c. Another policeman

d. The door opens

e. The worst food

f. Two thousand euros

g. I want to say

h. Five minutes pass (go by)

i. She smiles at me

j. She is worried

12. Spot and correct the spelling mistakes

a. Hefe	*Boss*
b. Silva	*Whistles*
c. Ladron	*Thief*
d. Empezo	*I begin*
e. Con tigo	*With you*
f. Paralisado	*Paralysed*
g. Companero	*Mate*
h. Quero	*I want*

1. Find the Spanish

a. Room	j. Here
b. I get up	k. I walk towards
c. Things	l. You can go
d. Slowly	m. Than
e. Kid	n. More important things to do
f. Door	o. Points to the door
g. Breathes	p. You are lucky
h. Something	q. Smells badly (fishy)
i. Watching	r. Stops me

2. Sentence puzzle: rewrite the sentences in the correct order

a. Tengo hacer más importantes cosas que	*I have more important things to do*
b. Víctor y dice en la me para puerta	*Victor stops me at the door and says*
c. Don Te vigilando, estoy Sam	*I am watching you, Mr Sam*
d. Me hacia y camino levanto Valentina	*I get up and walk towards Valentina*
e. aquí huele mal Pero algo	*But something here smells fishy*
f. y despacio la hacia puerta Respira señala	*He exhales and slowly points towards the door*
g. sobrina Confío mi en	*I trust my niece*
h. la En número trece habitación	*In room number 13*

3. Broken words

a. Exhales	Resp _ _ _
b. I trust	Con _ _ _
c. I walk	Cam _ _ _
d. Towards	Ha _ _ _
e. Says	Di _ _
f. Points to	Señ _ _ _
g. Something	Al _ _
h. Smells	Hu _ _ _
i. Luck	Sue _ _ _
j. Slowly	Des _ _ _ _ _

4. Translate into Spanish

a. You are lucky

b. I get up and walk

c. I am watching you

d. He points towards the door

e. He stops me at the door

f. You can go

g. Something smells fishy

h. In room number 13

i. I have more important things to do

j. I trust my niece

Extranjeros – Chapter 4 – REVISION

1. Split words

a. El vent___________ — *The fan*

b. Mi esp___________ — *My back*

c. No sé c___________ — *I don't know how*

d. Son___________ — *To smile*

e. Un la___________ — *A thief*

f. Su pa___________ — *His handkerchief*

g. Mi cami_________ — *My t-shirt*

h. La cá___________ — *Prison*

reír	rcel	ilador	drón
alda	ñuelo	ómo	seta

2. Match up

Vive	*He/she barks*
Intenta	*He/she gets closer*
Se acerca	*He/she lives*
Ladra	*He/she breathes*
Respira	*He/she looks at me*
Se aloja	*He/she stays*
Me mira	*He/she tries*
Entra	*He/she thinks*
Huele	*He/she comes in*
Piensa	*He/she knows*
Sabe	*He/she smells*

3. Break the flow

a. SéquemellamoSam

b. EstoyenlacomisaríaconmiamigoHassan

c. Víctortienemuchaspreguntas

d. Yotengomuchomiedo

e. Hayunladrónqueestárobandodineroaturistas

f. Micamisetaestáempapadadesudor

g. Noquieroiralacárcel

h. Sualientohueleacaféráncio

i. Tengodosmileurosperonosédequiénson

j. ValentinaeslasobrinadeVíctor

k. LlegaValentinaymesalva

4. Spot and correct the spelling mistakes

a. Tienes surte

b. Immagino mi vita

c. Estoy paralisado

d. Huele a cafe rancido

e. Me sonríye

f. Numbero treze

g. Dos mille euros

h. Soy el lad Ron

i. Empapada de Sodor

5. Choose the 'odd one out'

a	ladrón	cárcel	ladra
b	mi tío	mi rata	mi sobrina
c	cartera	dinero	habitación
d	pescado	té	café
e	un pañuelo	una camiseta	una comisaría
f	se aloja	sonríe	respira

6. Complete the table

English	Español
A lawyer	
	La comisaría
	El ventilador
It doesn't work	
Mystery	
	Su aliento
She is angry	
	Hay
A thief	
	Mi apellido

7. True, False or Not Mentioned?

a. Sam trabaja en la comisaría

b. Víctor es el tío de Valentina

c. Valentina decide ayudar a Sam

d. Sam es el abogado de Hassan

e. Sam no quiere enseñar su cartera

f. Víctor es un gato

g. Sam se aloja en La Posada de Manolo

h. Es el cumpleaños de Hassan

i. Sam tiene mucho miedo

j. Víctor tiene un pingüino en su casa

k. Valentina es la sobrina de Víctor

8. Split sentences

El ventilador gira muy despacio	pero muy serio
Víctor es bastante simpático	y tengo mucho calor
Su aliento huele a café rancio y	tengo identificación
No se puede pelear en la plaza y	pero no funciona muy bien
Hay aire acondicionado	su mirada es muy penetrante
Hay un ladrón en el centro robando	por eso tuvo que detener a Sam y a Hassan
Me estoy muriendo de	*yo* soy el ladrón
No tengo pasaporte ni	hacia la puerta
Víctor piensa que	dinero a los turistas
Víctor respira y señala	pánico. No sé qué decir

9. Reflection: answer the following questions giving your opinion

a. ¿Qué opinas de Víctor? ¿Crees que es bueno o malo?

b. ¿Crees que Sam es inocente? ¿O crees que él es el ladrón? ¿Por qué?

c. ¿Por qué crees que Valentina decide ayudar a Sam?

10. Complete the three-part summary with the correct options

Part 1

Después de la ______________ en la plaza, Sam y Hassan se encuentran en la comisaría. El policía, Víctor, tiene muchas ______________, pero Sam no puede ______________ a ninguna de ellas porque no se ______________ de nada. Sam se siente muy estresado y tiene mucho ______________. ______________ una mujer rusa. Ella no está contenta porque dice que alguien ha ______________ su bolso en la plaza. La mujer rusa dice que va a llamar a su ______________. Sam y Hassan no tienen abogado.

miedo	acuerda	preguntas	responder
abogado	pelea	robado	hay

Part 2

Hay un ladrón en el centro robando ______________ a los turistas y Víctor quiere saber quién es. Víctor es bastante ______________ pero muy serio. Su aliento huele a café rancio. Él ______________ que tal vez Sam es el ______________. Sam no sabe si él es el ladrón o no, porque no se acuerda de nada. Solo sabe que ______________ una cartera con mucho dinero y una tarjeta de ______________ con un nombre ______________. Víctor quiere ver la ______________ de Sam, pero Sam no quiere enseñársela porque tiene mucho dinero dentro y no quiere que Víctor lo vea.

tiene	dinero	cartera	ladrón
crédito	piensa	simpático	extraño

Part 3

Víctor ______________ en que quiere ver qué hay ______________ de la cartera de Sam. Sam está paralizado. Su ______________ está empapada de sudor, pero de ______________ aparece Valentina. Ella es la sobrina de Víctor y le explica que Sam se aloja en La Posada de ______________. Valentina dice que ella tiene la ______________ de Sam. Víctor dice que ______________ en su sobrina y le deja irse. Sam se va, pero ______________ no sabe realmente ni quién es ni si él es el ladrón o no.

confía	Manolo	dentro	identificación
repente	camiseta	insiste	todavía

1a. Find in the text on Page 29
a. Comisaría   b. Sillas de plástico   c. Pared   d. Ventilador   e. Conocida   f. Mujer
g. Alguien   h. Robó   i. Bolso   j. Marido

1b. Find in the text on Page 30
a. Pelear   b. Pasar   c. La primera vez   d. No estoy seguro   e. Otra sala   f. Grabadora
g. Trabajar   h. Zumbido   i. Ruidoso   j. De repente

2. True, False or Not Mentioned?
a. NM   b. True   c. False   d. True   e. NM   f. False   g. True

3. Match up
zumbido ; **buzzing noise**   grabadora ; **tape recorder**   nada ; **nothing**
enfadada ; **angry (f)**   ventilador ; **fan**   abogado ; **lawyer (m)**
comisaria ; **police station**   despacio ; **slowly**   joyas ; **jewels**

4. Sentence puzzle: rewrite the sentences in the correct order
a. La mujer está muy enfadada   b. El ventilador gira muy despacio
c. Víctor viene a hablar con nosotros   d. La mujer dice que es rusa
e. Hassan no está nada contento   f. Víctor me lleva a otra sala
g. Dice que tiene preguntas para mí   h. De repente, todo parece muy serio

5. Faulty translation: correct the English
a. There are various plastic **chairs**
b. The **woman** leaves annoyed
c. She says that someone stole her **bag**
d. His **face seems** familiar
e. There are no **windows**
f. One cannot fight in the **square**
g. He takes me to another **room**
h. All of a sudden, everything seems **serious**

6. Break the flow
a. Hace un zumbido muy ruidoso   b. No es la primera vez que está en la comisaría
c. No sé qué va a pasar   d. Dice que no se puede pelear en la plaza
e. El ventilador gira muy despacio   f. La mujer está muy enfadada
g. No hay ventanas pero hay un ventilador en el techo   h. Hay varias sillas de plástico en línea contra la pared

7. Broken words
a. La com**isarí**a   b. La pared   c. Des**pacio**   d. Con**ocida**   e. La mu**jer**
f. Pel**ear**   g. Preg**untas**   h. Zum**bido**

8. Complete with the missing verbs
a. está   b. hay   c. gira   d. se llama   e. lleva
f. está   g. pelear   h. dice

9. Translate into Spanish
a. Hay sillas de plástico   b. Hay un ventilador en el techo   c. Tengo mucho calor
d. La cara de Víctor me resulta conocida   e. Hay una mujer rusa   f. Está enfadada
g. No sé qué nos va a pasar   h. Víctor lleva a Sam a otra sala   i. Hay aire acondicionado
j. Hace un zumbido muy ruidoso   k. Todo parece serio

1. Tick or cross: are they in the text? (P31)
a. ✓   b. ✓   c. ✓   d. X   e. ✓   f. X   g. X   h. X   i. ✓   j. ✓   k. ✓   l. X   m. X   n. X
o. ✓   p. X   q. ✓   r. ✓

2. Break the flow (Page 32)
a. No me acuerdo muy bien de mi apellido
b. No tengo tiempo para juegos
c. Siento el sudor por mi espalda
d. Todavía no sé de quién es ni tampoco quién soy
e. Hay un ladrón en el centro robando dinero
f. Su aliento huele a café rancio
g. Víctor se acerca a mí
h. Pienso en el dinero y en la tarjeta de crédito
i. No estamos en el patio del colegio

3. Find the Spanish (Page 31)
a. Necesito   b. Tienes que contestar   c. Intento   d. Suspirando   e. Ladra
f. Mal humor   g. Contesto   h. Le pregunto   i. Apellido   j. A los ojos

4. Find the Spanish (Page 32)
a. Repito   b. No me acuerdo   c. Tarjeta de crédito   d. Sudor   e. No sé qué hacer
f. Escúchame   g. El patio del colegio   h. Café rancio   i. Mirada   j. No tengo tiempo

5. Spot the cognates (Pages 31 & 32)
a. Agente   b. Abogado   c. Rusa   d. Humor   e. Claro   f. Intento   g. Tensa
h. Turistas   i. Pausa   j. Repito   k. Penetrante   l. Colegio   m. Robar   n. Centro
o. Café   p. Nervioso   q. Crédito   r. Patio

6. Definitions game (Page 31)
a. agente   b. rusa   c. humor   d. cara   e. contesto
f. abogado   g. bolígrafo   h. ojos   i. preguntas

7. True, False or Not Mentioned?
a. True   b. True   c. False   d. True   e. NM   f. NM
g. False   h. True   i. False   j. False (accept NM)

8. Translate into English
a. Last name; surname   b. He/she looks at me   c. I don't remember   d. Then   e. Bad humour
f. Stare   g. Clear   h. Credit card   i. Perhaps   j. Sweat

9. Sentence puzzle: rewrite the sentences in the correct order
a. No tengo tiempo para juegos
b. No sé qué hacer
c. Intento sonreír pero mi cara está tensa
d. Voy a contestar tus preguntas
e. Víctor me mira a los ojos
f. Hay un ladrón en el centro robando dinero
g. Pienso en el dinero que tengo en la cartera
h. Siento el sudor por la espalda
i. Víctor se acerca a mí

10. Tangled translation: rewrite in Spanish
a. No tengo **tiempo para juegos**   b. **Siento el** sudor por **la** espalda   c. Pienso en el **dinero** y la **tarjeta de crédito**...
d. ...**que** tengo **en la cartera**   e. No me **acuerdo** muy **bien** de mi **apellido**   f. ¿**Está** claro?
g. Víctor **saca** un bolígrafo **y** un **cuaderno**...   h. ...**y** me **mira** a los **ojos**   i. **Necesito** un abogado

11. Translate into Spanish
a. Su aliento huele   b. Siento el sudor   c. Pienso en el dinero
d. No me acuerdo de mi apellido   e. Hay un ladrón   f. Quizá yo soy el ladrón
g. No sé qué hacer   h. No sé de quién es   i. La tarjeta de crédito que tengo en la cartera

ANSWERS – Chapter 4 – Pages 33-34

1. Match (Page 33)
Me alojo ; **I stay**   Quiero decir ; **I mean**   Lo primero ; **The first thing**
Se seca ; **He dries**   Saca ; **He takes out**   Me estoy muriendo ; **I am dying**
El sudor ; **The sweat**   Mientras ; **Whilst**   Tengo que salir ; **I must go out**
Al final ; **In the end**

2. Find the Spanish (Page 34)
a. No tengo nada   b. Sonríe   c. Estoy seguro de que   d. Estoy sudando   e. Piensa
f. Me mira   g. Tengo que ver   h. Como un pollo   i. Me va a meter en la cárcel
j. Soy el ladrón

3. Spot the cognates
a. Identificación   b. Convencido   c. Pasaporte   d. Inglés
e. Frente   f. Pánico   g. Al final   h. Londres
i. Agente   j. Cárcel

4. Break the flow
a. Saca su pañuelo y se seca el sudor de la frente   b. Me estoy muriendo de pánico
c. Víctor piensa que yo soy el ladrón   d. Me mira con los ojos entrecerrados
e. Yo sé que tu cartera está en tu mochila   f. Víctor puede ver el sudor en mi frente
g. Tengo dos mil euros en mi cartera   h. Tengo que salir de aquí pero no sé cómo
i. Víctor me va a meter en la cárcel   j. Estoy empezando a pensar que soy el ladrón

5. Faulty translation - challenge. BEWARE, some of the sentences are actually correct!
a. I am **sure**   b. He **looks at** me   c. I **know**   d. -
e. I am **sweating**   f. **It**'s much better   g. -   h. I **stay**
i. I have to **go/get out**   j. Takes out his **handkerchief**   k. -   l. I am **thinking**
m. -   n. Your **wallet**   o. -   p. I am **convinced**

6. Sentence puzzle: rewrite the sentences in the correct order
a. Pasamos a otra pregunta   b. Se seca el sudor de la frente   c. Me estoy muriendo de pánico
d. Lo primero que me pasa por la cabeza   e. Me va a meter en la cárcel   f. Puede ver el sudor en mi frente
g. Me mira con los ojos entrecerrados   h. ¿Hay algo que no quieres que vea?

7. The following sentences have been copied wrongly. Can you correct them?
a. Tengo que salir **de** aquí   b. **Me a**lojo en La Posada de Manolo
c. Me **estoy** muriendo de pánico   d. Decido decir **lo** primero que...
e. ...me pasa **por** la cabeza   f. Vivo en Londres con **mis** padres
g. Víctor me va **a** meter en la cárcel   h. Hace **mucho** calor en **la** comisaría
i. Víctor **piensa** que *yo* soy el ladrón

8. Broken words
a. Dos m**il**   b. Me interr**umpe**   c. Pa**ñ**uelo   d. Car**tera**   e. De**cir**
f. El su**dor**   g. Al fi**nal**   h. Chav**al**   i. La cár**cel**   j. La**drón**   k. F**r**ente

9. Translate into Spanish
a. Estoy sudando como un pollo   b. Estoy convencido   c. Soy el ladrón
d. Me mira   e. Hace mucho calor   f. Estoy pensando
g. Tengo que ver   h. Lo primero que me pasa por la cabeza
i. Me estoy muriendo de pánico   j. No tengo nada   k. Tengo que salir de aquí

1. Find the Spanish (Page 35)
a. Nada   b. Ahora   c. Cartera   d. Vida   e. Ladrón   f. Sudor   g. Otro
h. Dice   i. Cárcel   j. Celda   k. Mujer   l. Puerta

2. Find the Spanish (Page 36)
a. Jefe   b. Enfadado   c. Mientras   d. Veo   e. Miro   f. Empiezo   g. Prueba
h. Silba   i. Quiere   j. Verdad   k. Sobrina   l. Contigo

3. Translate into English
a. I don't say anything   b. Whose are they?   c. I imagine my life   d. A cellmate   e. I'm petrified
f. Suddenly   g. He/she is here   h. Five minutes go by   i. Again   j. He/she looks at me
k. Is that true?   l. He/she smiles at me

4. Sentence puzzle: rewrite the sentences in the correct order
a. Tengo dos mil euros en la cartera   b. Sé que me llamo Sam
c. Mi camiseta está empapada de sudor   d. Otro policía entra en la sala
e. Me sonríe pero está preocupada   f. Mi sobrina dice que te alojas con ella
g. Estoy en una habitación en La Posada de Manolo

5. Break the flow
a. Veo que Valentina está allí con Víctor   b. Pasan cinco minutos   c. Dice que es urgente
d. Mi camiseta está empapada de sudor   e. Imagino mi vida en la cárcel   f. Ahora dudo si soy Sam el ladrón
g. Quiero decir algo pero no digo nada   h. Ahora mismo vuelvo así que prepara tu cartera

6. Match up
Contigo ; **With you**   Pruebas ; **Proof**   De nuevo ; **Again**   Veo que ; **I see that**
Silba ; **Whistles**   Dice ; **Says**   De repente ; **Suddenly**   Enfadado ; **Angry**

7. Faulty translation: correct the English
a. I need to see your **wallet**   b. He **says** as he goes out   c. I imagine my **life** in prison
d. Soaked with **sweat**   e. The door **opens**   f. Victor **looks** at me
g. The **Russian** woman's?   h. I start to **think**   i. He **says** to me
j. **However**   k. He has more **proof**

8. Translate into English
a. He/she whistles   b. Worried   c. He/she smiles at me   d. I look   e. Proof   f. I come back
g. Angry   h. It opens   i. Prison   j. Woman   k. Suddenly / All of a sudden

9. Spot the cognates on Pages 35 & 36
a. Paralizado   b. Policía   c. Urgente   d. Rusa   e. Minuto   f. Imagino   g. Lince
h. Demostrar   i. Celda   j. Preocupada   k. Seriamente   l. Compañero

10. Broken words
a. Na**da**   b. Mu**jer**   c. Pu**erta**   d. Cár**cel**   e. La pe**or**   f. Su**dor**   g. Cart**era**
h. Cel**da**

11. Translate into Spanish
a. Imagino mi vida   b. Estoy paralizado   c. Otro policía   d. La puerta se abre   e. La peor comida
f. Dos mil euros   g. Quiero decir   h. Pasan cinco minutos   i. Me sonríe   j. Está preocupada

12. Correct the spelling mistake
a. Jefe   b. Silba   c. Ladrón   d. Empiezo   e. Contigo   f. Paralizado   g. Compañero
h. Quiero

1. Find the Spanish

a. Habitación	b. Me levanto	c. Cosas	d. Despacio	e. Chaval
f. Puerta	g. Respira	h. Algo	i. Vigilando	j. Aquí
k. Camino hacia	l. Puedes irte	m. Que	n. Cosas más importantes que hacer
o. Señala hacia la puerta	p. Estás de suerte	q. Huele mal	r. Me para

2. Sentence puzzle: rewrite the sentences in the correct order

a. Tengo cosas más importantes que hacer
b. Víctor me para en la puerta y dice
c. Te estoy vigilando, Don Sam
d. Me levanto y camino hacia Valentina
e. Pero aquí algo huele mal
f. Respira y despacio señala hacia la puerta
g. Confío en mi sobrina
h. En la habitación número trece

3. Broken words

a. Resp**ira**   b. Conf**ío**   c. Cam**ino**   d. Ha**cia**   e. Di**ce**   f. Señ**ala**   g. Al**go**   h. Hu**ele**   i. Su**erte**   j. Des**pacio**

4. Translate into Spanish

a. Estás de suerte
b. Me levanto y camino
c. Te estoy vigilando
d. Señala hacia la puerta
e. Me para en la puerta
f. Puedes irte
g. Algo huele mal
h. En la habitación número trece
i. Tengo cosas más importantes que hacer
j. Confío en mi sobrina

ANSWERS – Chapter 4 – REVISION

1. Split words

a. El vent**ilador**
b. Mi esp**alda**
c. No sé **cómo**
d. Son**reír**
e. Un la**drón**
f. Su pa**ñuelo**
g. Mi cami**seta**
h. La c**árcel**

2. Match up

Vive ; **He/she lives**
Intenta ; **He/she tries**
Se acerca ; **He/she gets closer**
Ladra ; **He/she barks**
Respira ; **He/she breathes**
Se aloja ; **He/she stays**
Me mira ; **He/she looks at me**
Entra ; **He/she comes in**
Huele ; **He/she smells**
Piensa ; **He/she thinks**
Sabe ; **He/she knows**

3. Break the flow

a. Sé que me llamo Sam
b. Estoy en la comisaría con mi amigo Hassan
c. Víctor tiene muchas preguntas
d. Yo tengo mucho miedo
e. Hay un ladrón que está robando dinero a turistas
f. Mi camiseta está empapada de sudor
g. No quiero ir a la cárcel
h. Su aliento huele a café rancio
i. Tengo dos mil euros pero no sé de quién son
j. Valentina es la sobrina de Víctor
k. Llega Valentina y me salva

4. Spot and correct the spelling mistakes

a. Tienes **suerte**
b. **Imagino** mi **vida**
c. Estoy **paralizado**
d. Huele a **café rancio**
e. Me **sonríe**
f. **Número trece**
g. Dos **mil** euros
h. Soy el **ladrón**
i. Empapada de **sudor**

5. Choose the 'odd one out'

a. ladra   b. mi rata   c. habitación   d. pescado   e. una comisaría   f. se aloja

6. Complete the table

A lawyer ; **Un abogado**
The police station ; La comisaría
The fan ; El ventilador
It doesn't work ; **No funciona**
Mystery ; **Misterio**
His breath ; Su aliento
She is angry ; **Está enfadada**
There is/are ; Hay
A thief ; **Un ladrón**
My last name ; Mi apellido

7. True, False or Not Mentioned?
a. False   b. True   c. True   d. False   e. True   f. True   g. True   h. NM   i. True   j. NM (accept False)   k. True

8. Split sentences

El ventilador gira muy despacio	**y tengo mucho calor**
Víctor es bastante simpático	**pero muy serio**
Su aliento huele a café rancio y	**su mirada es muy penetrante**
No se puede pelear en la plaza y	**por eso tuvo que detener a Sam y a Hassan**
Hay aire acondicionado	**pero no funciona muy bien**
Hay un ladrón en el centro robando	**dinero a los turistas**
Me estoy muriendo de	**pánico. No sé qué decir**
No tengo pasaporte ni	**tengo identificación**
Víctor piensa que	*yo* **soy el ladrón**
Víctor respira y señala	**hacia la puerta**

9. Reflection: answer the following questions giving your opinion
Students can use these suggested structures as a template to provide their personal opinions
a. En mi opinión Víctor es…   b. Creo que Sam es… porque…   c. Creo que Valentina decide ayudar a Sam porque…

10. Complete the three-part summary with the correct options
Part 1
Después de la **pelea** en la plaza, Sam y Hassan se encuentran en la comisaría. El policía, Víctor, tiene muchas **preguntas**, pero Sam no puede **responder** a ninguna de ellas porque no se **acuerda** de nada. Sam se siente muy estresado y tiene mucho **miedo**. **Hay** una mujer rusa. Ella no está contenta porque dice que alguien ha **robado** su bolso en la plaza. La mujer rusa dice que va a llamar a su **abogado**. Sam y Hassan no tienen abogado.

Part 2
Hay un ladrón en el centro robando **dinero** a los turistas y Víctor quiere saber quién es. Víctor es bastante **simpático** pero muy serio. Su aliento huele a café rancio. Él **piensa** que tal vez Sam es el **ladrón**. Sam no sabe si él es el ladrón o no, porque no se acuerda de nada. Solo sabe que **tiene** una cartera con mucho dinero y una tarjeta de **crédito** con un nombre **extraño**. Víctor quiere ver la **cartera** de Sam, pero Sam no quiere enseñársela porque tiene mucho dinero dentro y no quiere que Víctor lo vea.

Part 3
Víctor **insiste** en que quiere ver qué hay **dentro** de la cartera de Sam. Sam está paralizado. Su **camiseta** está empapada de sudor, pero de **repente** aparece Valentina. Ella es la sobrina de Víctor y le explica que Sam se aloja en La Posada de **Manolo**. Valentina dice que ella tiene la **identificación** de Sam. Víctor dice que **confía** en su sobrina y le deja irse. Sam se va, pero **todavía** no sabe realmente ni quién es ni si él es el ladrón o no.

CHAPTER 5

YUKI

<table>
<tr><td>

1. Find the Spanish (Page 39)

a. Police Station: C

b. Jail: C

c. Genius (machine): M

d. I thought: P

e. Clear: D

f. Appropriate: A

g. Thing: C

h. Smiles: S

i. I say: D

j. Word: P

</td><td>

2. Find the Spanish (Page 40)

a. Wind: V

b. Above all: S

c. Narrow: E

d. Light: L

e. City wall: M

f. Distant: L

g. Shining: B

h. We go up: S

i. Under: B

j. Blinds me: Me c

</td><td>

3. Tick or Cross (P39)

a. La calle

b. Vino

c. Comisaría

d. Digo

e. Para

f. Pregunta

g. Contesta

h. Preocúpate

i. Adecuada

j. Máquina

</td></tr>
</table>

4. Spot the cognates (P39 & 40)

a. Brilliant

b. Force

c. Adequate

d. Commissioner

e. Preoccupied

f. Machine

g. Delicious

h. Clear

i. Hypnotise

j. Mural

k. Escalator

5. Complete the table

English	Español
The sky is clear	
The stars shine	
	No sé qué decir
	Tienes razón
She explains to me	
Don't worry	
	Quiero enseñarte una cosa
	La miro de reojo
The view is spectacular	
The moon blinds me	

6. Sentence puzzle: rewrite the sentences in the correct order

a. las estrechas Pasamos Toledo por calles de *We go through Toledo's narrow streets*

b. Es recordaba de lo más guapa que *She is more beautiful that I remembered*

c. iba Pensaba que a ir cárcel a la *I thought I was going to go to jail*

d. Creo gracias que adecuada es la palabra *I believe thank you is the correct word*

e. la calle Salimos a y de es ya noche *We go out to the street and it is already night*

f. una piedra escalera Subimos por de antigua muy *We go up by a very old stone stairway*

7. Match up

Vista	Blinds me
Lejano	Happy
Abajo	Narrow
Estrechas	Seems
Brillan	Light
Feliz	Shine
Luz	View
Me ciega	Distant
Parece	City walls
*Muralla	Below

Author's note: "Fun fact" City walls is plural in English but singular in Spanish!

8. Spot and add in the missing words

a. El campo parece la escena un pasado lejano

b. El río es como una serpiente negra cruza por el valle

c. Su pelo brillante bajo la luz la luna me ciega

d. Arriba, en alto de la muralla, la vista es espectacular

e. Pensaba que iba ir a la cárcel

f. Salimos a la calle y ya de noche

g. Yo creo gracias es la palabra adecuada

h. Hassan y Raúl ya están casa

i. Paseamos por las estrechas calles Toledo

j. Es más guapa de lo recordaba

9. Faulty translation: correct the English

a. Sobre todo — *Under all*

b. Una escalera de piedra — *A stone building*

c. Me siento feliz — *I feel tired*

d. Las estrechas calles — *The old streets*

e. La vista es espectacular — *The view is peculiar*

f. Bajo la luz de la luna — *Under the star light*

g. Contesta riéndose — *She asks laughing*

h. Quiero enseñarte una cosa — *I want to give you something*

10. Broken words

a. Despe _ _ _ _ — Clear

b. Fel _ _ — Happy

c. Co _ _ — Thing

d. L _ _ — Light

e. Mura _ _ _ — City walls

f. Pie _ _ _ — Stone

g. Lu _ _ — Moon

h. Cie _ _ — Sky

i. Estre _ _ _ _ — Stars

11. Translate into Spanish

a. Don't worry

b. I want to show you

c. I think that

d. I don't know what to say

e. It is a historic city

f. Under the moonlight

g. We walk through the streets

h. The sky is clear

i. She hypnotises me

j. We go up by a staircase

k. On top of the city walls

l. The river is like a black snake

m. She smiles at me

n. It's nighttime

1. Hidden sentences: work out what the hidden sentences are and translate them

a. M _ g _ _ _ _ m _ _ _ _ e _ _ _ _ c _ _ _ _ _ _

b. L _ q _ _ q _ _ _ _ _ d _ _ _ _

c. N _ s _ q _ _ _ _ s _ _

d. E _ _ _ u _ _ p _ _ _ _ _ _ g _ _ _ _ _ _ _

e. T _ _ _ _ u _ t _ _ _ _ _ _ d _ u _ _ s _ _ _ _ _ _ _

f. A l _ m _ _ _ _ s _ _ e _ _ _ _ l _ _ l _ _ _ _ _ _

g. M _ a _ _ _ _ _ _ o _ _ _ v _ _ d _ l _ _ d _ _ m _ _ e _ _ _ _

h. ¿Q _ _ p _ _ _ _ d _ _ _ _?

---

2. Match up

A lo mejor	I feel
Callado	Neck
Ladrones	Thieves
Cuello	Maybe
Tatuaje	With you
Gente	Gang
Malos	Quiet
Banda	Evil
Contigo	People
Me siento	Tattoo
Dudo	Before
Antes	I doubt

3. Break the flow

a. Mepillaporsorpresaconsuspalabrasynoséquédecir

b. Megustamuchoestarcontigo

c. Dudoantesdedecir

d. NadieseatreveaenfrentarseaIványasusamigos

e. Tieneuntatuajedeunaserpienteenelcuello

f. Meacuerdootravezdelosdosmileuros

g. ¿Porquélagentetienemiedodeellos?

h. Memiraconesosojosincreíbles

i. Temoquehayacosasquenosabemosdemí

j. Nomesalenlaspalabras

---

4. True, False or Not Mentioned?

a. A Valentina le gusta mucho Sam

b. Iván y sus amigos son buena gente

c. El padre de Iván es un criminal

d. Sam tiene un tatuaje en el cuello

e. Sam quiere besar a Valentina

f. Valentina piensa que Sam es guapo

g. A Sam no le gusta pasar el tiempo con Valentina

h. Sam es vegetariano pero sí come pescado

5. Spot the cognates

a. Surprise

b. Incredible

c. Delinquents

d. Tattoos

e. Band

f. Serpent

g. Malevolent

h. Immediately

6. Sentence puzzle: rewrite the sentences in the correct order

a. mira con ojos increíbles Ahora me esos   *Now she looks at me with those incredible eyes*

b. contigo Me mucho estar gusta   *I enjoy being with you a lot*

c. Iván Nadie a enfrentarse se atreve a   *Nobody dares to confront Ivan*

d. el mundo Todo ellos miedo de tiene   *Everyone is scared of them*

e. callado Me digo y no quedo nada   *I remain quiet and I don't say anything*

f. Tiene serpiente de una un tatuaje   *He has a tattoo of a snake*

g. ladrones A son ellos lo mejor los   *Maybe they are the thieves*

h. Lo quiero que decir   *What I want to say*

7. Faulty translation: correct the English

a. Una persona graciosa: *A gracious person*

b. Todo el mundo: *Nobody*

c. Las palabras de Valentina: *Valentina's lips*

d. A lo mejor: *Impossibly*

e. Otra vez: *Sometimes*

f. Me quedo callado: *I stay callous*

g. Tienes que evitarlo: *You must see him*

h. La gente tiene miedo: *People are cheerful*

i. En el cuello: *On the ankle*

j. No son buena gente: *They aren't bad people*

k. Antes de decir: *Before acting*

8. Translate into English

a. Un tonto

b. Las palabras

c. Se atreve

d. Todo el mundo

e. Tiene miedo

f. Buena gente

g. Banda de delincuentes

h. Callado

i. Enseguida

j. No digo nada

k. Ahora

9. Broken words

a. Gen _ _   *People*

b. Enseg _ _ _ _   *Straight away*

c. Ah _ _ _   *Now*

d. Cal _ _ _ _   *Quiet*

e. Nad _ _   *Nobody*

f. Ant _ _   *Before*

g. Co _ _ _   *Things*

h. Ton _ _   *Stupid*

i. Pal _ _ _ _ _   *Words*

10. Translate into Spanish

a. They aren't good people

b. People are afraid of them

c. You have to avoid him

d. An idea occurs to me

e. What I want to say

f. I know who you are

g. He has a tattoo on the neck

h. I remember again

i. I say nothing

THE LANGUAGE GYM

1. Find the Spanish (Page 43)

a. Funny: G _ _ _ _ _ _ _

b. My heart: M _   c _ _ _ _ _ _ _

c. Bad luck: M _ _ _ s _ _ _ _ _

d. To believe: C _ _ _ _

e. Something: A _ _ _

f. Brave: V _ _ _ _ _ _ _

g. Even: I _ _ _ _ _ _

h. Rings: S _ _ _ _

2. Find the Spanish (P44)

a. Square: P _ _ _ _

b. Takes out: A _ _ _

c. Sorry: L _ s _ _ _ _ _

d. When: C _ _ _ _ _

e. Thief: L _ _ _ _ _

f. Language: I _ _ _ _ _

g. Sure: S _ _ _ _ _

h. They run: C _ _ _ _ _

3. Spot the cognates (P43)

a. Sensational

b. Telephone

c. Gracious

d. Opportunity

e. Terminate

f. Sentiment

g. Prepare

4. Complete with the missing verbs

a. ____________ a la plaza

b. Valentina ____________ con la alemana

c. Me gusta __________ vídeos

d. Me _________ fijamente

e. ¿Puedo _________ yo el delincuente?

f. __________ hacia nosotros

g. _________ algo importante que enseñarnos

h. No me lo puedo ____________

creer	ser	corren	grabar
llegamos	tienen	mira	habla

5. Break the flow

a. Cuandollegamosalaplaza

b. Lajaponesamemirafijamente

c. Tienenalgoimportantequeenseñarnos

d. Ellasnosvenycorrenhacianosotros

e. Puedosentirellatidodemicorazón

f. Estachicaessensacional

g. Nomelopuedocreer

h. Yocreoquesoyelladrónoalgopeor

6. Definitions game

a. Una nacionalidad: j__________________

b. Un criminal: l__________________

c. Contrario de 'cobarde':   v___________

d. Una parte de la ciudad: p___________

e. Tipo de teléfono: m__________________

f. Contrario de 'nada': a__________________

g. De nuevo: o_________ v_______

h. Lugar para aprender: e__________________

i. Contiene dinero: c__________________

7. Faulty translation: correct the English

a. Graba un vídeo — *Looks for a video*

b. Algo sorprendente — *Nothing surprising*

c. Me mira — *She listens to me*

d. Lo ha dicho — *She has heard it*

e. Me acuerdo otra vez — *I remember now*

f. Saca su teléfono — *Answers her phone*

g. Tengo que contestar — *I have to leave*

h. Lo siento — *I am happy*

i. ¡Qué mala suerte! — *How lucky!*

j. No me lo puedo creer — *I can't do it*

k. El latido de mi corazón — *My heart pain*

l. Creo que soy — *I know I am*

8. Sentence puzzle: rewrite the sentences in the correct order

a. Mi está cerca suya de la boca — *My mouth is near hers*

b. que ladrón soy Creo el o peor algo — *I believe I am the thief or something worse*

c. importante algo enseñarnos que Tienen — *They have something important to show us*

d. Puedo latido el de corazón mi sentir — *I can feel my heart beating*

e. móvil Me con grabar gusta vídeos mi — *I like to take videos with my mobile phone*

f. Valentina ha Soy lo gracioso y dicho valiente, — *I am funny and brave, Valentina said it*

g. Va ha a visto decir que ladrón al — *She is going to say she saw the thief*

h. puedo No creer me lo — *I can't believe it*

i. Nos hacia nosotros ven y corren — *They see us and run towards us*

j. He de besar la oportunidad Valentina a perdido — *I have lost the opportunity to kiss Valentina*

9. Match the opposites

cerca	mejor
buena	cobarde
peor	termina
algo	lejos
valiente	frío
empieza	mala
calor	se aleja
pregunta	nada
se acerca	contesta

10. Translate into English

a. Corazón

b. Gracioso

c. Suerte

d. Lo siento

e. Besar

f. Llamada

g. Algo importante

h. Suya

i. Estoy Seguro

j. Lo ha dicho

11. Broken words

a. Thief — Lad _ _ _

b. Mobile phone — Mó _ _ _

c. Funny — Grac _ _ _ _

d. Something — Al _ _

e. Towards — Ha _ _ _

f. Phone call — Lla _ _ _ _

g. I am sorry — Lo sie _ _ _

h. Heart — Cor _ _ _ _

12. Translate into Spanish

a. She has seen the thief

b. I can't believe it

c. How unlucky!

d. What are you doing?

e. Something important to show us

f. I can feel my heart beating

g. I have to answer

h. I have missed the opportunity

1. Match up

En verdad	The old lady
Ladrón	While
Busca	Slowly
Mientras	Appears
Viejecita	Rubbish
Lentamente	Homeless
Empieza	Thief
Mujer	She looks for
Basura	Begins
Aparece	In truth
Vagabunda	Woman

2. Find the Spanish (Pages 45 & 46)

a. She is collecting

b. Singing

c. While the boys are fighting

d. We are all watching

e. In truth

f. The video starts

g. She is stealing

h. I shout

i. I don't know what to say

j. Embarrassed

k. Behind

l. I change the subject

3. Break the flow

a. Noséquédecirycambiodetema

b. Laviejecitadelaplazaeslaladrona

c. VeoalamigodeIvángritandoaHassan

d. Lamujerviejadelaplazaapareceenelvídeo

e. Ahoralleganloschicos

f. ElvídeoempiezaconHassancantando

g. SientopánicomientrasYukibuscaelvídeo

h. Parecequeestárecogiendobasura

4. Spot the cognates

a. Japanese

b. Guitar

c. Vagabond

d. Appears

e. Credit

f. Rob

g. Theme

h. Panic

5. Sentence puzzle: rewrite the sentences in the correct order

a. con Estamos interés el mucho vídeo mirando — *We are watching the video with much interest*

b. vídeo mientras Siento el pánico busca — *I feel panicked while she looks for the video*

c. en mujer La plaza vieja de el vídeo la aparece — *The old lady appears in the video*

d. ¿qué miramos la Por? — *Why are we looking at her?*

e. pasa La por detrás viejecita — *The old lady passes behind them*

f. ladrona viejecita La es la de la plaza — *The old lady of the square is the thief*

g. No cambio y de sé qué tema decir — *I don't know what to say and change topic*

h. recogiendo Parece que basura está — *It looks like she is collecting rubbish*

6. Faulty translation: correct the English

a. Ahora llegan los chicos	*Now the boys leave*
b. La mujer vieja aparece	*The old lady disappears*
c. No soy valiente	*I am not funny*
d. La vagabunda de la plaza	*The old lady from the square*
e. Veo al amigo de Iván	*I hear Ivan's friend*
f. Digo sin querer	*I say without shouting*
g. Me acuerdo de la tarjeta	*I remember the target*
h. Está recogiendo basura	*She is collecting money*
i. Dicen juntas	*They say immediately*
j. En su carrito	*In her plastic bag*

7. True, False or Not Mentioned?

a. Sam es el ladrón de la plaza

b. Yuki ha grabado un vídeo de la pelea en la plaza

c. Hassan toca en un grupo

d. A Sam no le gusta como Hassan canta

e. La viejecita roba bolsos mientras la gente mira a Hassan

f. Sam quiere llevar el vídeo a la policía

g. La mujer vieja toca la guitarra y canta en la plaza

8. Broken words

a. Aliv _ _ _ _	*Relieved*	g. Jun _ _ _	*Together (pl)*
b. Grit _ _ _ _	*Shouting*	h. Di _ _	*I say*
c. S _ _	*Without*	i. Carr _ _ _	*Trolley*
d. Al _ _	*Something*	j. V _ _	*I see*
e. La viej _ _ _ _ _	*The old lady*	k. Mien _ _ _ _	*While*
f. Din _ _ _	*Money*	l. Bu _ _ _	*She is looking for*

9. Complete the table

Español	English
Empieza	
Busca	
	I am not
	We are watching
Canta	
Llegan	
	They fight
Está recogiendo	
Gritando	
	I shout

10. Translate into Spanish

a. I don't know what to say

b. They look at me

c. I see Ivan's friend

d. They say together

e. She is stealing bags

f. While they fight

g. We are all watching the video

h. I feel panicked

i. I am not brave

1. Find the Spanish (Page 47)

a. She stares at me

b. They don't need

c. In any case

d. Nothing

e. I have no desire

f. Police station

g. They are thinking

h. We are going to talk

2. Find the Spanish (Page 48)

a. (They) bewitch me

b. Let me see

c. We get closer

d. I don't know

e. I take it all out

f. I think that

g. Sitting on a bench

h. A business

3. Tangled translation: rewrite in Spanish

a. **Well**, posiblemente, comprar **food**...

b. Los **tourists** no necesitan **so much** dinero

c. **Let's go** a hablar **with** la **old lady**

d. ...**but** no le vamos a **say** nada **to** Víctor

e. ...me dice con **interest** mientras saca la **card**

4. Break the flow

a. Mediceconinterésmientrassacalatarjeta

b. Noséquévaahacer

c. Losacotodoparaenseñárselo

d. Lamiroysusojosmeembrujan

e. Seloexplicotodo

f. Notengoganasdevolveralacomisaría

g. Valentinayyooptamosporcaminaralaplaza

h. Losturistasnonecesitantantodinero

5. Complete

English	Español
I answer	
Therefore	
	La entiendo
	No tengo ganas
We choose	
	Ladrón
	Carrito
One thing	
	Me embrujan
	Una tarjeta
It rings a bell	
On a bench	
	A ver

6. Sentence puzzle: rewrite the sentences in the correct order

a. Lo enseñárselo todo para saco — *I take it all out to show it to her*

b. un Creo negocio de que es el nombre — *I think it is the name of a business*

c. embrujan y me miro sus La ojos — *I look at her and her eyes bewitch me*

d. viejecita a con hablar la Vamos — *We are going to talk with the old lady*

e. ojos a Me los fijamente mira — *She stares at me in the eyes*

f. Víctor vamos No le a decir a nada — *We are not going to tell Victor*

7. Faulty translation: correct the English

a. No necesitan tanto dinero	*They don't need any money*
b. Optamos por caminar	*We choose to drive*
c. No soy el ladrón	*I am not the culprit*
d. Me mira fijamente	*She listens to me closely*
e. Es el nombre de un negocio	*It is the name of a person*
f. Veo a la viejecita	*I talk to the old lady*
g. Saca la tarjeta	*She takes out the money*
h. Nos acercamos despacio	*We get closer quickly*
i. De todas formas	*In any place*
j. Sus ojos me embrujan	*Her eyes stare back at me*

8. Broken words

a. Din _ _ _	*Money*
b. Tar _ _ _ _	*Card*
c. Nom _ _ _	*Name*
d. J _ _ _ _	*Jewels*
e. Cam _ _ _ _	*To walk*
f. Int _ _ _ _	*Interest*
g. Nego _ _ _	*Business*
h. Sue _ _	*Rings*
i. Car _ _ _ _	*Trolley*
j. Des _ _ _ _ _ _	*Slowly*

9. Complete with the missing verbs

a. Me ____________ fijamente a los ojos

b. Los turistas no ____________ tanto dinero

c. Vamos a ____________ con la viejecita

d. No ____________ ganas de volver a la comisaría

e. La miro y sus ojos me ____________

f. Creo que ____________ el nombre de un negocio

g. No sé qué ____________ a hacer

h. Me ____________ de algo

i. No le vamos a ____________ nada

decir
tengo
mira
va
hablar
embrujan
suena
es
necesitan

10. Translate into Spanish

a. In any case

b. I am not the thief

c. I understand her

d. I answer honestly

e. I look at her

f. We arrive at the square

g. I don't know what she is going to do

h. I explain everything

<table>
<tr><td>

1. Find the Spanish (Page 49)

a. I have something

b. Her trolley

c. She interrupts me

d. Now

e. Yours

f. I know you

g. The bags

h. I want to know

i. Stutters

</td><td>

2. Find the Spanish (Page 50)

a. The old lady

b. She ignores me

c. A man

d. The snake tattoo

e. My accident

f. On the floor

g. She gives me something

h. It's not a paper

i. It's an old photo

</td></tr>
</table>

<table>
<tr><td>

3. Break the flow

a. Yoquierosaberdequéestáhablando

b. Nomehacecasoperotodavíasiguehablando

c. Perolaviejecitameinterrumpe

d. Laviejecitaselevantaenfadada

e. Peroteconozcojoven

f. Habíaunhombrecontigo

g. Tengoalgotuyoenmicarrito

h. Nohabíapensadoquealguienhubieravistoelaccidente

i. Medaalgoquepareceunpapelito

j. Lafotoesviejayestádescolorida

</td><td>

4. Spot the cognates

a. Tattoo

b. Accident

c. Cart

d. Paper

e. Photo

f. Serpent

g. Discoloured

h. Antique

i. Animated

j. Interrupt

</td></tr>
</table>

5. Sentence puzzle: rewrite the sentences in the correct order

a. de qué Quiero saber está la hablando viejecita — *I want to know what the old lady is talking about*

b. el chico Eres que accidente tuvo un — *You are the boy who had the accident*

c. Sigue más entre dientes hablando, animada — *She keeps mumbling, more animatedly*

d. los bolsos los Roba a turistas — *You steal tourists' bags*

e. mira de pero no Nos reojo contesta — *She glances at us but does not answer*

f. miro y Lo no es veo que un papel — *I look at it and see it's not a slip of paper*

g. enfadada La se levanta viejecita — *The old lady stands up angrily*

h. Tengo mi algo carrito tuyo en — *I have something of yours in my trolley*

6. Faulty translation: correct the English

a. Nos tenemos que ir	*We don't have to go*
b. Quiero saber	*I want a light saber*
c. Nos mira de reojo	*She glares at us*
d. No queremos molestar	*We don't want to talk to you*
e. ¿Qué es lo que tienes?	*What is it that you want?*
f. Luego vino el coche verde	*Then the green car hit you*
g. Está buscando algo	*She is looking at something*
h. Veo que no es un papel	*I think it is not a paper*
i. El tatuaje de serpiente	*The lizard tattoo*

7. Translate into English

a. Un hombre

b. En el suelo

c. Un papelito

d. Una mujer joven

e. No contesta

f. Me da algo

g. Viejecita

h. Tuyo

i. Tengo algo

8. Complete the table

English	Español
There was a man	
Knocked you down	
	Está buscando algo
	Una foto de una mujer
I hadn't thought	
	No me hace caso
I want to know	
	Tengo algo tuyo
She gets up angry	

9. Tangled translation: rewrite in Spanish

a. La **old lady** se levanta **angry** y coge su **trolley. ¡But** te conozco, **young man!**

b. **I have** algo tuyo **in my** carrito. Encontré **this** en el **floor.**

c. Me da **something** que **seems like** un papelito. Es una **photo** antigua **of** una **woman.**

d. No había **thought that** alguien hubiera **seen** mi **accident.**

e. Había un **man** contigo, ese **man** con el **tattoo of** serpiente

f. ¡Eres **the boy** que tuvo **an** accidente **with the** coche **green** ayer!

1. Find in the text

a. Stained   M _ _ _ _ _ _ _

b. I don't know him   N _ l _ c _ _ _ _ _ _ _

c. To go back   V _ _ _ _ _

d. Cart/trolley   C _ _ _ _ _ _

e. Girlfriend   N _ _ _ _

f. Dancer   B _ _ _ _ _ _ _ _

g. I try   I _ _ _ _ _ _

h. She takes   C _ _ _

i. The back (photo)   R _ _ _ _ _ _

j. Dangerous   P _ _ _ _ _ _ _ _

k. Tattoo   T _ _ _ _ _

2. Match English and Spanish

Creo	I ask
Bailarina	I try
Reverso	She says
Peligroso	I know (a person)
Conozco	Dancer
Digo	Dangerous
Sé	Back (of a photo)
Intento	She looks
Mira	I believe
Dice	I say
Pregunto	I know (something)

3. Complete with the missing words

a. El hombre con el ______________ de serpiente es muy peligroso

b. Intento contestar pero se va con su ______________

c. El reverso de la foto está ______________ pero hay un nombre

d. No se ve ______________ pero parece que dice: «Lorena»

e. No ______________ ni idea, pero ahora creo que debemos ______________ a casa

manchado	tatuaje	volver
claramente	tengo	carrito

4. Complete the table

English	Espanol
	Jovencito
	Parece
Dangerous	
Take care	
	No conozco
	Coge
I believe	
We must go back	
	Manchado

5. Translate into Spanish

a. I have no idea

b. I try to answer

c. Take care, young man

d. I don't know him

e. One can't see clearly

f. I was a dancer

g. He is very dangerous

h. I tell her

i. She says to me

j. I don't know who it is

k. She doesn't look at me

l. The photo is stained

1. Split words

a. La m_____________ — *The city walls*

b. N_____________ — *I say no*

c. Me i_____________ — *She interrupts me*

d. Un n_____________ — *A business*

e. La v_____________ — *The tramp (f)*

f. Nos a_____________ — *We get closer*

g. La f_____________ — *The photo*

h. El d_____________ — *The money*

egocio	cercamos	iego	agabunda
inero	uralla	oto	nterrumpe

2. Complete the table

Español	English
Finalmente	
	Snakes
Cartera	
Estrellas	
	Thief
Muralla	
	Tattoo
Viejecita	
	Singing
Pelea	
	Shopping trolley

3. Missing words: insert the missing 'de' into each sentence

a. Tiene un tatuaje una serpiente en el cuello

b. Iván y su banda delincuentes

c. Mi boca está cerca la suya

d. Puedo sentir el latido mi corazón

e. Me acuerdo otra vez la tarjeta de crédito

f. En el vídeo veo al amigo Iván gritando a Hassan

g. La viejecita la plaza es la ladrona

h. Avergonzado, no sé qué decir y cambio tema

4. Choose the 'odd one out'

a	viejecita	niña	anciana
b	serpiente	cocodrilo	gato
c	me pega	me escucha	me mira
d	criminal	delincuente	policía
e	gracioso	violento	valiente
f	pánico	estrés	risa
g	coche	libro	carrito

5. True or false?

a. En Toledo hay calles estrechas

b. A Sam le gusta mucho Valentina

c. Finalmente, Sam pasa la noche en la comisaría

d. Sam piensa que Iván y su banda son los ladrones

e. Por la noche, el cielo está despejado

f. Hay un río, pero está lleno de serpientes

g. El padre de Iván es muy buena persona

h. Sam tiene dos mil euros en su cartera

i. Sam ganó su dinero trabajando de futbolista

j. Valentina y Sam casi se besan

6. Broken Verbs

a. M _ a _ _ _ _ _ _ *I remember*

b. N _ s _ *I don't know*

c. D _ _ _ *(lit. I doubt)* *I hesitate*

d. M _ g _ _ _ _ s *I like you*

e. L _ m _ _ _ *I look at her*

f. P _ _ _ _ _ _ _ *We walk*

g. M _ s _ _ _ _ _ *I feel*

h. M _ p _ _ _ _ _ _ _ *I wonder*

i. D _ _ _ *He/she says*

j. H _ _ _ _ _ *He/she talks*

7. Match questions and answers

¿Por dónde caminan Sam y Valentina?	*Sí, está claro*
¿Cuándo dan este paseo?	*El cielo está despejado*
¿Qué tiempo hace?	*Fue Yuki la que capturó el momento*
¿Qué se puede ver en el cielo?	*El padre de Iván*
¿Por qué está preocupado Sam?	*Hay muchas estrellas brillantes*
¿Qué aroma pueden oler?	*Porque Joanna llama por teléfono*
¿Quién tiene un tatuaje de una serpiente?	*Por la noche*
¿Sam y Valentina se sienten atraídos?	*Caminan por la antigua muralla de la ciudad*
¿Por qué no se besan?	*Se huele la deliciosa comida en el viento*
¿Quién grabó el vídeo de la pelea?	*Porque no sabe donde está Hassan*

8. Reflection: answer the following questions giving your opinion

a. Hasta ahora, ¿cuál es tu personaje favorito? ¿Ha cambiado?

b. ¿Cuál fue tu parte favorita de este capítulo?

c. ¿Cómo te sentiste cuando el teléfono sonó e interrumpió a Sam y Valentina?

d. Si Sam no es el ladrón, ¿quién podría ser?

e. ¿Por qué crees que Sam está realmente en Toledo?

9. Complete the three-part summary with the correct options

Part 1

Por la ______________, Sam y Valentina dan un paseo juntos por la antigua ______________ de la ciudad de Toledo y Sam le da las______________ a Valentina por haberlo salvado en la comisaría. Es una escena muy ______________. Sam mira a Valentina y ella le mira a él. Valentina le dice a Sam que le ______________. Sam está tan sorprendido y nervioso que solo ______________ "gracias". De todas formas, Valentina se ______________ a Sam y... de repente el ______________ de Valentina suena. Es Joanna.

gracias	gusta	romántica	noche
responde	muralla	teléfono	acerca

Part 2

Joanna y Yuki dicen que tienen ______________ importante que enseñarles a Sam y a Valentina. Resulta que el ______________ que grabó Yuki en la plaza contiene ______________ escondida. Al principio, solo se ve a Hassan tocando la guitarra y ______________. Luego empieza la ______________ entre Iván y su banda contra Sam y Hassan. En ese ______________, en el fondo del vídeo se ve a la ______________ de la plaza. ¡Ella es la ladrona! Sam está muy contento porque él pensaba que tal vez él fuera el ______________ sin saberlo.

información	momento	vídeo	vagabunda
algo	cantando	ladrón	pelea

Part 3

Sam y sus amigos piensan que la ______________ usa el dinero que roba de los turistas para comprar ______________. Al final, deciden no decírselo a la policía y ______________ con ella directamente. Sam y Valentina van a ver a la viejecita, para decirle que no robe más cosas a los ______________. Lo primero que dice la anciana es que ella ______________ a Sam. Luego le enseña una foto de Sam con una ______________. Nadie sabe quién es. Es una situación muy ______________. La viejecita le aconseja a Sam de evitar a Álvaro, el ______________ de Iván, porque es muy peligroso.

viejecita	padre	misteriosa	turistas
conoce	hablar	comida	chica

ANSWERS – Chapter 5 – Pages 39-40

1. Find the Spanish (Page 39)
a. Comisaría
b. Cárcel
c. Máquina
d. Pensaba
e. Despejado
f. Adecuada
g. Cosa
h. Sonríe
i. Digo
j. Palabra

2. Find the Spanish (Page 40)
a. Viento
b. Sobre todo
c. Estrechas
d. Luz
e. Muralla
f. Lejano
g. Brillante
h. Subimos
i. Bajo
j. Me ciega

3. Tick or Cross (P39)
a. ✓   b. X   c. ✓   d. ✓   e. X   f. X   g. ✓   h. X   i. ✓   j. ✓

4. Spot the cognates (Pages 39-40)
a. Brillante
b. Fuerza
c. Adecuada
d. Comisaría
e. Preocupada
f. Máquina
g. Deliciosa
h. Claro
i. Hipnotiza
j. Muralla
k. Escalera

5. Complete the table

The sky is clear ; **El cielo está despejado**
The stars shine ; **Las estrellas brillan**
I don't know what to say ; No sé qué decir
You're right ; Tienes razón
She explains to me ; **Ella me explica**
Don't worry ; **No te preocupes**
I want to show you something ; Quiero enseñarte una cosa
I glance at her ; La miro de reojo
The view is spectacular ; **La vista es espectacular**
The moon blinds me ; **La luna me ciega**

6. Sentence puzzle: rewrite the sentences in the correct order
a. Pasamos por las estrechas calles de Toledo
b. Es más guapa de lo que recordaba
c. Pensaba que iba a ir a la cárcel
d. Creo que gracias es la palabra adecuada
e. Salimos a la calle y ya es de noche
f. Subimos por una escalera de piedra muy antigua

7. Match up
Vista ; **View**
Lejano ; **Distant**
Abajo ; **Below**
Estrechas ; **Narrow**
Brillan ; **Shine**
Feliz ; **Happy**
Luz ; **Light**
Me ciega ; **Blinds me**
Parece ; **Seems**
Muralla ; **City wall**

8. Spot the missing word and add it in
a. El campo parece la escena **de** un pasado lejano
b. El río es como una serpiente negra **que** cruza por el valle
c. Su pelo brillante bajo la luz **de** la luna me ciega
d. Arriba, en **lo** alto de la muralla, la vista es espectacular
e. Pensaba que iba **a** ir a la cárcel
f. Salimos a la calle y ya **es** de noche
g. Yo creo **que** gracias es la palabra adecuada
h. Hassan y Raúl ya están **en** casa
i. Paseamos por las estrechas calles **de** Toledo
j. Es más guapa de lo **que** recordaba

9. Faulty translation: correct the English
a. **Above** all
b. A stone **stairway**
c. I feel **happy**
d. The **narrow** streets
e. The view is **spectacular**
f. Under the **moon** light
g. She **answers** laughing
h. I want to **show** you something

10. Broken words
a. Despe**jado**
b. Feliz
c. Cosa
d. L**uz**
e. Mura**lla**
f. Pie**dra**
g. Luna
h. Ciel**o**
i. Estre**llas**

11. Translate into Spanish
a. No te preocupes
b. Quiero enseñarte
c. Creo que
d. No sé qué decir
e. Es una ciudad histórica
f. Bajo la luz de la luna
g. Paseamos por las calles
h. El cielo está despejado
i. Me hipnotiza
j. Subimos por una escalera
k. Encima de la muralla
l. El río es como una serpiente negra
m. Me sonríe
n. Es de noche

ANSWERS – Chapter 5 – Pages 41-42

1. Hidden sentences: work out what the hidden sentences are and translate them
a. Me gusta mucho estar contigo   **I really like being with you**
b. Lo que quiero decir   **What I want/mean to say is**
c. No sé quién soy   **I don't know who I am**
d. Eres una persona graciosa   **You are a funny person**
e. Tiene un tatuaje de una serpiente   **He has a tattoo of a snake**
f. A lo mejor son ellos los ladrones   **Maybe they are the thieves**
g. Me acuerdo otra vez de los dos mil euros   **I remember the 2000 euros again**
h.¿Qué puedo decir?   **What can I say?**

2. Match up
A lo mejor ; **Maybe**   Callado ; **Quiet**   Ladrones ; **Thieves**   Cuello ; **Neck**
Tatuaje ; **Tattoo**   Gente ; **People**   Malos ; **Evil**   Banda ; **Gang**
Contigo ; **With you**   Me siento ; **I feel**   Dudo ; **I doubt**   Antes ; **Before**

3. Break the flow
a. Me pilla por sorpresa con sus palabras y no sé qué decir   b. Me gusta mucho estar contigo
c. Dudo antes de decir   d. Nadie se atreve a enfrentarse a Iván y a sus amigos
e. Tiene un tatuaje de una serpiente en el cuello   f. Me acuerdo otra vez de los dos mil euros
g. ¿Por qué la gente tiene miedo de ellos?   h. Me mira con esos ojos increíbles
i. Temo que haya cosas que no sabemos de mí   j. No me salen las palabras

4. True, False or Not Mentioned?
a. True   b. False   c. True   d. False   e. True   f. NM
g. False   h. NM

5. Spot the cognates
a. Sorpresa   b. Increíble   c. Delincuentes   d. Tatuajes
e. Banda   f. Serpiente   g. Malos   h. Inmediatamente

6. Sentence puzzle: rewrite the sentences in the correct order
a. Ahora me mira con esos ojos increíbles   b. Me gusta mucho estar contigo
c. Nadie se atreve a enfrentarse a Iván   d. Todo el mundo tiene miedo de ellos
e. Me quedo callado y no digo nada   f. Tiene un tatuaje de una serpiente
g. A lo mejor son ellos los ladrones   h. Lo que quiero decir

7. Faulty translation: correct the English
a. A **funny** person   b. **Everyone**   c. Valentina's **words**   d. **Maybe (possibly)**
e. **Again**   f. I **stay silent**   g. You must **avoid** him   h. People are **afraid**
i. On the **neck**   j. They aren't **good** people   k. Before **saying**

8. Translate into English
a. A stupid person   b. The words   c. (He) dares   d. Everyone   e. (He) is scared
f. Good people   g. Gang of criminals   h. Quiet   i. Straight away   j. I say nothing
k. Now

9. Broken words
a. Gen**te**   b. Enseg**uida**   c. A**hora**   d. Cal**lado**   e. Nad**ie**
f. Ant**es**   g. Co**sas**   h. Ton**to**   i. Pal**abras**

10. Translate into Spanish
a. No son buena gente   b. La gente tiene miedo de ellos   c. Tienes que evitarlo
d. Se me ocurre una idea   e. Lo que quiero decir   f. Yo sé quién eres
g. Tiene un tatuaje en el cuello   h. Me acuerdo otra vez   i. No digo nada

ANSWERS – Chapter 5 – Pages 43-44

1. Finish the Spanish (Page 43)
a. Gracioso   b. Mi corazón   c. Mala suerte   d. Creer   e. Algo   f. Valiente   g. Incluso
h. Suena

2. Finish the Spanish (Page 44)
a. Plaza   b. Saca   c. Lo siento   d. Cuando   e. Ladrón   f. Idioma   g. Seguro
h. Corren

3. Spot the cognates (Page 43)
a. Sensacional   b. Teléfono   c. Gracioso   d. Oportunidad   e. Termina   f. Siento   g. Preparo

4. Complete below with the missing verbs choosing from the options below
a. Llegamos   b. Habla   c. Grabar   d. Mira   e. Ser   f. Corren   g. Tienen
h. Creer

5. Break the flow
a. Cuando llegamos a la plaza
b. La japonesa me mira fijamente
c. Tienen algo importante que enseñarnos
d. Ellas nos ven y corren hacia nosotros
e. Puedo sentir el latido de mi corazón
f. Esta chica es sensacional
g. No me lo puedo creer
h. Yo creo que soy el ladrón o algo peor

6. Definitions game
a. Japonesa   b. Ladrón   c. Valiente   d. Plaza   e. Móvil   f. Algo   g. Otra vez
h. Escuela   i. Cartera

7. Faulty translation: correct the English
a. **Films** a video   b. **Something** surprising   c. She **looks at** me   d. She has **said** it
e. I remember **again**   f. **Takes out** her phone   g. I must **answer**   h. I am **sorry**
i. How **unlucky**!   j. I can't **believe** it   k. My heart **beating**   l. I **think** I am

8. Sentence puzzle: rewrite the sentences in the correct order
a. Mi boca está cerca de la suya
b. Creo que soy el ladrón o algo peor
c. Tienen algo importante que enseñarnos
d. Puedo sentir el latido de mi corazón
e. Me gusta grabar vídeos con mi móvil
f. Soy gracioso y valiente, lo ha dicho Valentina
g. Va a decir que ha visto al ladrón
h. No me lo puedo creer
i. Nos ven y corren hacia nosotros
j. He perdido la oportunidad de besar a Valentina

9. Match the opposites
cerca ; **lejos**   buena ; **mala**   peor ; **mejor**   algo ; **nada**   valiente ; **cobarde**
empieza ; **termina**   calor ; **frío**   pregunta ; **contesta**   se acerca ; **se aleja**

10. Translate into English
a. Heart   b. Funny   c. Luck   d. I'm sorry   e. To kiss   f. Phone call
g. Something important   h. Hers   i. I'm sure   j. She has said it

11. Broken words
a. Lad**rón**   b. Mó**vil**   c. Grac**ioso**   d. Al**go**   e. Ha**cia**   f. Lla**mada**   g. Lo si**ento**
h. Cora**zón**

12. Translate into Spanish
a. Ella ha visto al ladrón   b. No me lo puedo creer   c. ¡Qué mala suerte!
d. ¿Qué estás haciendo?   e. Algo importante que enseñarnos   f. Puedo sentir el latido de mi corazón
g. Tengo que contestar   h. He perdido la oportunidad

1. Match up

En verdad ; **In truth**	Ladrón ; **Thief**	Busca ; **She looks for**	Mientras ; **While**
Viejecita ; **The old lady**	Lentamente ; **Slowly**	Empieza ; **Begins**	Mujer ; **Woman**
Basura ; **Rubbish**	Aparece ; **Appears**	Vagabunda ; **Homeless**	

2. Find the Spanish (pages 45 & 46)

a. Está recogiendo

b. Cantando

c. Mientras los chicos se pelean

d. Todos estamos mirando

e. En verdad

f. El vídeo empieza

g. Está robando

h. Grito

i. No sé qué decir

j. Avergonzado

k. Detrás

l. Cambio de tema

3. Break the flow

a. No sé qué decir y cambio de tema

b. La viejecita de la plaza es la ladrona

c. Veo al amigo de Iván gritando a Hassan

d. La mujer vieja de la plaza aparece en el vídeo

e. Ahora llegan los chicos

f. El vídeo empieza con Hassan cantando

g. Siento pánico mientras Yuki busca el vídeo

h. Parece que está recogiendo basura

4. Spot the cognates

a. Japonesa

b. Guitarra

c. Vagabunda

d. Aparece

e. Crédito

f. Robando

g. Tema

h. Pánico

5. Sentence puzzle: rewrite the sentences in the correct order

a. Estamos mirando el vídeo con mucho interés

b. Siento pánico mientras busca el vídeo

c. La mujer vieja de la plaza aparece en el vídeo

d. ¿Por qué la miramos?

e. La viejecita pasa por detrás

f. La viejecita de la plaza es la ladrona

g. No sé qué decir y cambio de tema

h. Parece que está recogiendo basura

6. Faulty translation: correct the English

a. Now the boys **arrive**

b. The old lady **appears**

c. I am not **brave**

d. The **homeless** lady from the square

e. I **see** Ivan's friend

f. I say **unintentionally**

g. I remember the **card**

h. She is collecting **rubbish**

i. They say **together**

j. In her **trolley**

7. True, False or Not Mentioned?

a. False

b. True

c. NM

d. False

e. True

f. True

g. F

8. Broken words

a. Aliv**iado**

b. Grit**ando**

c. S**in**

d. Al**go**

e. La vie**jecita**

f. Di**nero**

g. Jun**tos**

h. D**igo**

i. Carr**ito**

j. V**eo**

k. Mien**tras**

l. Bu**sca**

9. Complete the table

Empieza ; **It starts**	Busca ; **He/she is looking for**	No soy ; I'm not
Estamos mirando ; We're watching	Canta ; **He/she sings**	Llegan ; **They arrive**
Se pelean ; They fight	Está recogiendo ; **He/she is collecting**	Gritando ; **Shouting**
Grito ; I shout		

10. Translate into Spanish

a. No sé qué decir

b. Me miran

c. Veo al amigo de Iván

d. Dicen juntas

e. Está robando bolsos

f. Mientras se pelean

g. Todos estamos mirando el vídeo

h. Siento pánico

i. No soy valiente

ANSWERS – Chapter 5 – Pages 47-48

1. Find the Spanish (Page 47)
a. Me mira fijamente   b. No necesitan   c. De todas formas   d. Nada   e. No tengo ganas
f. Comisaría   g. Están pensando   h. Vamos a hablar

2. Find the Spanish (Page 48)
a. Me embrujan   b. A ver   c. Nos acercamos   d. No sé   e. Lo saco todo
f. Creo que   g. Sentada en un banco   h. Un negocio

3. Tangled translation: rewrite in Spanish
a. **Pues**, posiblemente, comprar **comida**...   b. Los **turistas** no necesitan **tanto** dinero
c. **Vamos** a hablar **con** la **viejecita**   d. ...**pero** no le vamos a **decir** nada **a** Víctor
e. ...me dice con **interés** mientras saca la **tarjeta**

4. Break the flow
a. Me dice con interés mientras saca la tarjeta   b. No sé qué va a hacer
c. Lo saco todo para enseñárselo   d. La miro y sus ojos me embrujan
e. Se lo explico todo   f. No tengo ganas de volver a la comisaría
g. Valentina y yo optamos por caminar a la plaza   h. Los turistas no necesitan tanto dinero

5. Complete
I answer ; **Contesto**   Therefore ; **Así que**   **I understand her** ; La entiendo
I have no desire ; No tengo ganas   We choose ; **Optamos**   **Thief** ; Ladrón
Trolley ; Carrito   One thing ; **Una cosa**   **They bewitch me** ; Me embrujan
A card ; Una tarjeta   It rings a bell ; **Me suena de algo**   On a bench ; **En un banco**
Let me see ; A ver

6. Sentence puzzle: rewrite the sentences in the correct order
a. Lo saco todo para enseñárselo   b. Creo que es el nombre de un negocio   c. La miro y sus ojos me embrujan
d. Vamos a hablar con la viejecita   e. Me mira fijamente a los ojos   f. No le vamos a decir nada a Víctor

7. Faulty translation: correct the English
a. They don't need **so much** money   b. We choose to **walk**   c. I am not the **thief**
d. She **looks at** me closely   e. It is the name of a **business**   f. I **see** the old lady
g. She takes out the **card**   h. We get closer **slowly**   i. **In** any **case**
j. Her eyes **bewitch** me

8. Broken words
a. Din**ero**   b. Tar**jeta**   c. Nom**bre**   d. J**oyas**   e. Cam**inar**
f. Int**erés**   g. Nego**cio**   h. Sue**na**   i. Car**rito**   j. Des**pacio**

9. Complete with the missing verbs
a. Mira   b. Necesitan   c. Hablar   d. Tengo   e. Embrujan
f. Es   g. Va   h. Suena   i. Decir

10. Translate into Spanish
a. De todas formas   b. No soy el ladrón   c. La entiendo
d. Contesto honestamente   e. La miro   f. Llegamos a la plaza
g. No sé qué va a hacer   h. Se lo explico todo

ANSWERS – Chapter 5 – Pages 49-50

1. Find the Spanish (Page 49)

a. Tengo algo   b. Su carrito   c. Me interrumpe   d. Ahora   e. Tuyo

f. Te conozco   g. Los bolsos   h. (Yo) Quiero saber   i. Balbucea

2. Find the Spanish (Page 50)

a. La viejecita   b. No me hace caso   c. Un hombre   d. El tatuaje de serpiente

e. Mi accidente   f. En el suelo   g. Me da algo   h. No es un papel

i. Es una foto antigua

3. Break the flow

a. Yo quiero saber de qué está hablando   b. No me hace caso pero todavía sigue hablando

c. Pero la viejecita me interrumpe   d. La viejecita se levanta enfadada

e. Pero te conozco joven   f. Había un hombre contigo

g. Tengo algo tuyo en mi carrito   h. No había pensado que alguien hubiera visto el accidente

i. Me da algo que parece un papelito   j. La foto es vieja y está descolorida

4. Spot the cognates

a. Tatuaje   b. Accidente   c. Carrito   d. Papel

e. Foto   f. Serpiente   g. Descolorida   h. Antigua

i. Animada   j. (Me) Interrumpe

5. Sentence puzzle: rewrite the sentences in the correct order

a. Quiero saber de qué está hablando la viejecita   b. Eres el chico que tuvo un accidente

c. Sigue hablando entre dientes, más animada   d. Roba los bolsos a los turistas

e. Nos mira de reojo pero no contesta   f. Lo miro y veo que no es un papel

g. La viejecita se levanta enfadada   h. Tengo algo tuyo en mi carrito

6. Faulty translation: correct the English

a. We **have** to go   b. I want **to know**   c. She **glances** at us

d. We don't want to **bother** you   e. What is it that you **have**?   f. Then the green car **came**

g. She is looking **for** something   h. I **see** it is not a paper   i. The **snake** tattoo

7. Translate into English

a. A man   b. On the floor   c. A piece of paper   d. A young lady

e. She doesn't answer   f. She gives me something   g. (Little) Old lady   h. Yours

i. I have something

8. Complete the table

There was a man ; **Había un hombre**	Knocked you down ; **Te tiró al suelo**
She is looking for something ; Está buscando algo	**A photo of a woman** ; Una foto de una mujer
I hadn't thought ; **No había pensado**	**She ignores me** ; No me hace caso
I want to know ; **Quiero saber**	**I have something of yours** ; Tengo algo tuyo
She gets up angry ; **Se levanta enfadada**	

9. Tangled translation: rewrite in Spanish

a. La **viejecita** se levanta **enfadada** y coge su **carrito**. ¡Pero te conozco, **joven**!

b. **Tengo** algo tuyo **en mi** carrito. Encontré **esto** en el **suelo**.

c. Me da **algo** que **parece** un papelito. Es una **foto** antigua **de** una **mujer**.

d. No había **pensado que** alguien hubiera **visto** mi **accidente**.

e. Había un **hombre** contigo, ese **hombre** con el **tatuaje de** serpiente

f. ¡Eres **el chico** que tuvo **un** accidente **con el** coche **verde** ayer!

ANSWERS – Chapter 5 – Pages 51-52

1. Find in the text
a. Manchado   b. No lo conozco   c. Volver   d. Carrito   e. Novia   f. Bailarina
g. Intento   h. Coge   i. Reverso   j. Peligroso   k. Tatuaje

2. Match English and Spanish
Creo ; I believe   **Bailarina** ; Dancer   **Reverso** ; Back (of a photo)   **Peligroso** ; Dangerous
Conozco ; I know (a person)   **Digo** ; I say   **Sé** ; I know (something)   **Intento** ; I try
Mira ; He/she looks   **Dice** ; He/she says   **Pregunto** ; I ask

3. Complete with the missing words
a. Tatuaje   b. Carrito   c. Manchado   d. Claramente   e. Tengo ; Volver

4. Complete the table
Young man ; Jovencito   **It seems** ; Parece   Dangerous ; **Peligroso**
Take care ; **Ten cuidado**   **I don't know** ; No conozco   **He/she takes** ; Coge
I believe ; **Creo**   We must go back ; **Debemos volver**   **Stained** ; Manchado

5. Translate into Spanish
a. No tengo ni idea   b. Intento contestar   c. Ten cuidado, jovencito   d. No lo conozco
e. No se ve claramente   f. Yo era bailarina   g. Es muy peligroso   h. Le digo
i. Me dice   j. No sé quién es   k. No me mira
l. La foto está manchada

ANSWERS – Chapter 5 – REVISION

1. Split words
a. La m**uralla**   b. N**iego**   c. Me in**terrumpe**   d. Un n**egocio**
e. La **vagabunda**   f. Nos a**cercamos**   g. La **foto**   h. El d**inero**

2. Complete the table
Finalmente ; **Finally**   **Serpientes** ; Snakes   Cartera ; **Wallet**   Estrellas ; **Stars**
Ladrón ; Thief   Muralla ; **City walls**   **Tatuaje** ; Tattoo   Viejecita ; **Old lady**
Cantando ; Singing   Pelea ; **Fight**   **Carrito** ; Shopping trolley

3. Missing words: insert the missing 'de' into each sentence
a. Tiene un tatuaje **de** una serpiente en el cuello   b. Iván y su banda **de** delincuentes
c. Mi boca está cerca **de** la suya   d. Puedo sentir el latido **de** mi corazón
e. Me acuerdo otra vez **de** la tarjeta de crédito   f. En el vídeo veo al amigo **de** Iván gritando a Hassan
g. La viejecita **de** la plaza es la ladrona   h. Avergonzado, no sé qué decir y cambio **de** tema

4. Choose the 'odd one out'
a. niña   b. gato   c. me pega   d. policía   e. violento
f. risa   g. libro

5. True or false?
a. True   b. True   c. False   d. True   e. True
f. False   g. False   h. True   i. False   f. True

6. Broken Verbs
a. Me acuerdo   b. No sé   c. Dudo   d. Me gustas   e. La miro
f. Paseamos   g. Me siento   h. Me pregunto   i. Dice   j. Habla

7. Match questions and answers

¿Por dónde caminan Sam y Valentina?	Caminan por la antigua muralla de la ciudad
¿Cuándo dan este paseo?	Por la noche
¿Qué tiempo hace?	El cielo está despejado
¿Qué se puede ver en el cielo?	Hay muchas estrellas brillantes
¿Por qué está preocupado Sam?	Porque no sabe donde está Hassan
¿Qué aroma pueden oler?	Se huele la deliciosa comida en el viento
¿Quién tiene un tatuaje de una serpiente?	El padre de Iván
¿Sam y Valentina se sienten atraídos?	Sí, está claro
¿Por qué no se besan?	Porque Joanna llama por teléfono
¿Quién grabó el vídeo de la pelea?	Fue Yuki la que capturó el momento

8. Reflection: answer the following questions giving your opinion
Students can use these suggested structures as a template to provide their personal opinions
a. Mi personaje favorito es … Antes me gustaba más...   b. Mi parte favorita es …   c. Sentí…   d. Creo que podría ser…
e. Porque creo que…

9. Complete the three-part summary with the correct options
Part 1
Por la **noche**, Sam y Valentina dan un paseo juntos por la antigua **muralla** de la ciudad de Toledo y Sam le da las **gracias** a
Valentina por haberlo salvado en la comisaría. Es una escena muy **romántica**. Sam mira a Valentina y ella le mira a él.
Valentina le dice a Sam que le **gusta**. Sam está tan sorprendido y nervioso que solo **responde** "gracias". De todas formas,
Valentina se **acerca** a Sam y... de repente el **teléfono** de Valentina suena. Es Joanna.

Part 2
Joanna y Yuki dicen que tienen **algo** importante que enseñarles a Sam y a Valentina. Resulta que el **vídeo** que grabó Yuki
en la plaza contiene **información** escondida. Al principio, solo se ve a Hassan tocando la guitarra y **cantando**. Luego
empieza la **pelea** entre Iván y su banda contra Sam y Hassan. En ese **momento**, en el fondo del vídeo se ve a la **vagabunda**
de la plaza.¡Ella es la ladrona! Sam está muy contento porque él pensaba que tal vez el fuera el **ladrón** sin saberlo.

Part 3
Sam y sus amigos piensan que la **viejecita** usa el dinero que roba de los turistas para comprar **comida**. Al final, deciden no
decírselo a la policía y **hablar** con ella directamente. Sam y Valentina van a ver a la viejecita, para decirle que no robe más
cosas a los **turistas**. Lo primero que dice la anciana es que ella **conoce** a Sam. Luego le enseña una foto de Sam con una
chica. Nadie sabe quién es nadie. Es una situación muy **misteriosa**. La viejecita le aconseja a Sam de evitar a Álvaro, el
padre de Iván, porque es muy peligroso.

CHAPTER 6

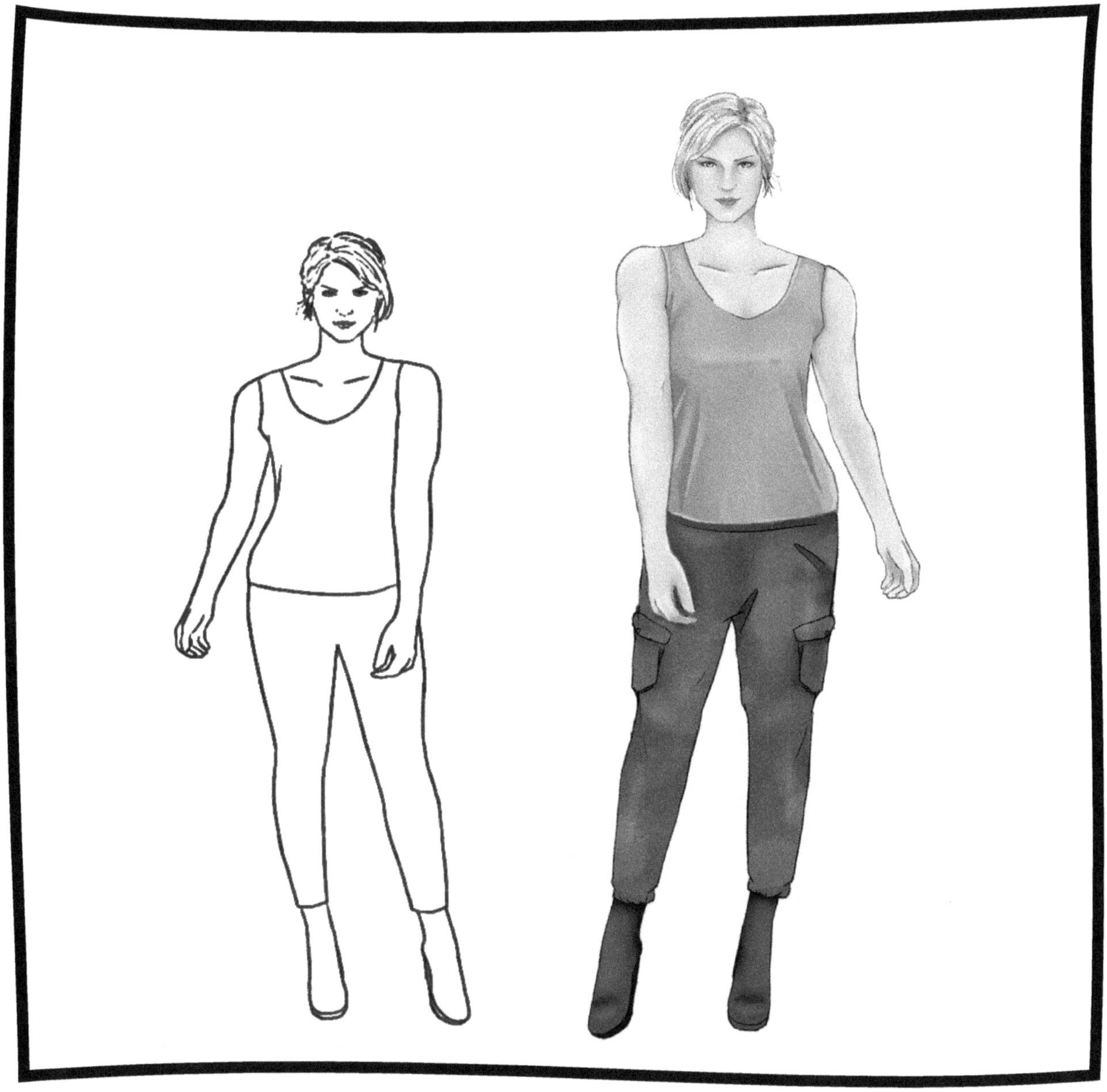

JOANNA

1. Find the Spanish (Page 54)

a. To look for

b. Tired

c. Only

d. Nobody

e. Exhausted

f. I find

g. Exhausting

h. She says

i. Outside

j. For today

2. Find the Spanish (Page 55)

a. I wait a moment

b. Stairs

c. Heady

d. Face

e. What a pity!

f. Forgotten

g. Light

h. Sweat

i. Sweet

j. Sad

3. Break the flow

a. DoylasbuenasnochesaValentina

b. PiensoenlacaradeValentina

c. Nohaynadieenelpasillo

d. Subolaescalerahaciamihabitación

e. Hasidootrodíaagotador

f. Nohaynadieenlarecepción

g. Esperounmomentoparaversimedaunbeso

h. Nopuedovernada

i. Tienequeirabuscarasuhermano

4. Spot the cognates

a. Confused

b. Attention

c. Adventure

d. Really

e. Encounter

f. Moment

g. Escalator

h. Past

i. Dormant

5. Translate into English

a. Espero

b. Pasillo

c. Escalera

d. Luz

e. Apagada

f. Olvidado

g. Boca

h. Dulce

i. Apesta

j. Sudor

k. Cansado

l. Nadie

m. Confundido

n. Agotador

o. Dormir

p. Encuentro

q. Otro

r. Por hoy

6. Match the phrases/words of similar meaning

Sirve para subir	Agotado
Es un hostal	Estoy triste
Muy cansado	La puerta
No entiendo bien	La escalera
No estoy alegre	Apagada
Una parte de la cara	Estoy confundido
Contrario de encendida	La boca
Se abre y se cierra	La Posada de Manolo

8. Broken words

a. _ _ _ _ ado	*Tired*
b. Su _ _	*I go up*
c. Esp _ _ _	*I wait*
d. Tri _ _ _	*Sad*
e. Embriag _ _ _ _	*Heady*
f. Confun _ _ _ _	*Confused*
g. Bu _ _ _ _	*To look for*

9. Faulty translation: correct the English

a. Otro día agotador	*Another fun day*
b. ¿Tienes hambre?	*Are you thirsty?*
c. Encuentro una foto	*I lose a photo*
d. Fuera hay un coche	*Nearby there is a car*
e. Estoy cansado	*I am confused*
f. Tuve un accidente	*I had an adventure*
g. La puerta está abierta	*The window is open*
h. La luz está apagada	*The light is on*
i. Dentro apesta a sudor	*Inside it stinks of sweets*
j. Estoy un poco triste	*I am very sad*
k. Subo la escalera	*I go down the stairs*
l. Está trabajando	*She is resting*

7. Complete with the missing words

a. _____________ cansado

b. La luz está _____________

c. No puedo _____________ nada

d. Pienso _____________ la cara de Valentina

e. _____________ la escalera

f. _____________ las buenas noches

g. La puerta está _____________

h. Ayer _____________ un accidente

i. ¿_____________ hambre?

j. Solo _____________ dormir

k. Espero _____________ momento

l. Ahora ella _____________ trabajando

subo	apagada	tuve	doy
quiero	abierta	ver	en
tienes	estoy	un	está

10 Translate into Spanish

a. I wait for a moment

b. The light is turned off

c. It stinks of sweat

d. What a shame!

e. She is working

f. I only want to sleep

g. I can't any more

h. She has to go

i. I don't want any more adventures

j. I am exhausted

1. Find the Spanish (Page 56)

a. Towards

b. Who?

c. To find

d. A shiver

e. A message

f. Threatening

g. My papers

h. Messy

i. Turned upside down

j. What's happening?

k. (They) adjust

l. My travel bag

m. Someone

n. I turn my head

o. Red paint

p. All over the place

2. Complete with the missing verbs

a. ___________ la luz

I turn off the light

b. ___________ por todas partes

They are all over the place

c. En la pared ______ un mensaje

On the wall there's a message

d. ___________ a tu país

Go back to your country

e. ¿Qué _________ _____________?

What is going on?

f. ¿Alguien __________ algo?

Someone is looking for something?

g. ___________ hacia la cama de Hassan

I look over at Hassan's bed

3. Broken words

a. Gi _ _   *I turn*

b. Amena _ _ _ _ _   *Threatening*

c. Alg _ _ _ _   *Someone*

d. Enci _ _ _ _   *I turn on*

e. Enfa _ _ _ _   *Angry*

f. Cor _ _   *Runs*

g. Me pa _ _   *I stop*

h. Ha _ _ _   *Towards*

i. Des _ _ _ _ _ _ _ _   *Untidy*

j. Oscu _ _ _ _ _   *Darkness*

k. Se aj _ _ _ _ _   *They adjust*

4. Faulty translation: correct the English

a. Giro la cabeza   *I nod my head*

b. ¿Qué está pasando?   *What is there?*

c. Hacia la cama   *On the bed*

d. Un escalofrío   *A cold snail*

e. Palabras escritas   *Spanish words*

f. De tono enfadado   *In a quiet tone*

g. Me paro   *I ask myself*

h. En la pared   *On the floor*

5. Translate into Spanish

a. Hassan's bed

b. What do they want to find?

c. Runs through my body

d. In red paint

e. A threatening message

f. He is not there

g. What is going on?

h. Everything is upside down

Extranjeros – Chapter 6 – Revision

1. Translate into English

a. Estoy realmente cansado

b. No quiero más aventuras

c. ¿Tienes hambre?

d. Yo solo quiero dormir

e. Ha sido otro día agotador

f. Ayer tuve un accidente

g. Una foto misteriosa

h. Necesito dormir

i. Espero un momento

j. Estoy cansado y un poco triste

k. El aroma embriagador

2. Match the opposites

Hambre	Alguien
Nadie	Tranquilo
Triste	Sed
Preocupado	Despierto
¡Qué lástima!	Motivador
Dormido	Contento
Nada	El suelo
Apesta	¡Qué bien!
Luz	Algo
Amenazador	Huele bien
La pared	Oscuridad

3. Complete the two part summary with the correct option

Part 1. Sam ____________ a La Posada de Manolo después de un día largo y ____________. Sam está cansado y confundido. Ha aprendido muchas cosas, pero todavía hay mucho que no ____________, y por lo tanto tiene muchas ____________. Fuera del hostal hay un coche ____________, pero ya es ____________ tarde para investigar. No hay nadie en la recepción. Es muy raro porque normalmente hay ____________. Sam le da las buenas noches a Valentina y espera para ver si le da un ____________, pero no puede ser porque ella está trabajando.

sabe	verde	agotador	alguien
llega	demasiado	beso	preguntas

Part 2. Entonces, Sam sube la ____________ a su habitación. No hay nadie en el pasillo pero algo parece ____________. Después de un día tan largo Sam solo quiere ____________ pero cuando abre la puerta de su habitación ve que hay un problema. Está todo totalmente ____________. Durante el día, cuando Sam estaba fuera, alguien ha ____________ en su habitación y ha tirado sus cosas por todas partes. Su bolsa de viaje, su ropa y sus papeles están en el ____________. Además, la persona ha escrito un mensaje ____________ en la pared, con ____________ roja: ¡VUELVE A TU PAÍS!

amenazador	entrado	raro	suelo
revuelto	escalera	pintura	dormir

4. Spot and add in the missing words

a. Estoy realmente cansado confundido

b. Fuera hay coche verde

c. Valentina tiene ir a buscar a su hermano

d. Encuentro foto misteriosa

e. Pienso en la cara Valentina

f. No hay nadie en pasillo

g. Dentro, la luz apagada

h. Mis papeles están todas partes

i. Hay un mensaje escrito la pared

5. Correct the grammar and/or spelling errors

a. Por hoy, no quierro más aventuras

b. No hay nadia en la recepción

c. Ayer tuve una accidente

d. Hassan debe estar dormida

e. Mis ojos se acostumbran al oscuridad

f. Paro y giro la cabesa

g. Enciyendo la luz y veo todas mis cosas

h. Hay un mensaje escribido en pintura roja

i. ¡Vuelve a tu pais!

6. Sentence puzzle: rewrite the sentences in the correct order

a. la cama de Miro hacia y no Hassan está allí — *I look over at Hassan's bed and he's not there*

b. Poco ajustan a poco mis a ojos se la oscuridad — *Little by little my eyes adjust to the darkness*

c. de está La puerta abierta mi habitación — *The door to my room is open*

d. perfume El aroma su embriagador de — *The heady aroma of her perfume*

e. Hassan cerrarla haya Probablemente, olvidado — *Probably, Hassan forgot to close it*

f. a apesta Dentro sudor — *It stinks of sweat inside*

g. No ver nada puedo — *I cannot see anything*

h. En mi desordenado está habitación todo — *In my room everything is messy*

7. Guided translation

a. I am really tired and confused   E_________ r___________ c___________ y c____________

b. Outside there is a green car   F________ h____ u__ c_________ v________

c. I don't want any more adventures   N__ q__________ m_____ a_______________

d. Yesterday I had an accident   A______ t_______ u__ a_______________

e. I go up the stairs   S______ l___ e_______________

f. I think about Valentina's face   P__________ e__ l__ c______ d__ V___________

g. Everything is messy   T________ e_______ d____________

h. Go back home! *(lit. country)*   ¡V________ a t__ p________!

ANSWERS – Chapter 6 – Pages 54-55

1. Find the Spanish (Page 54)

a. Buscar
b. Cansado
c. Solo
d. Nadie
e. Agotado
f. Encuentro
g. Agotador
h. Dice
i. Fuera
j. Por hoy

2. Find the Spanish (Page 55)

a. Espero un momento
b. La escalera
c. Embriagador
d. Cara
e. ¡Qué lástima!
f. Olvidado
g. Luz
h. Sudor
i. Dulce
j. Triste

3. Break the flow

a. Doy las buenas noches a Valentina
b. Pienso en la cara de Valentina
c. No hay nadie en el pasillo
d. Subo la escalera hacia mi habitación
e. Ha sido otro día agotador
f. No hay nadie en la recepción
g. Espero un momento para ver si me da un beso
h. No puedo ver nada
i. Tiene que ir a buscar a su hermano

4. Spot the cognates

a. Confundido
b. Atención
c. Aventura(s)
d. Realmente
e. Encuentro
f. Momento
g. Escalera
h. Pasado
i. Dormido

5. Translate into English

a. I wait
b. Corridor
c. Stairs
d. Light
e. (Switched) Off
f. Forgotten
g. Mouth
h. Sweet
i. Stinks
j. Sweat
k. Tired
l. No one
m. Confused
n. Exhausting
o. To sleep
p. I find
q. Another
r. For today

6. Match the phrases/words of similar meaning

Sirve para subir	La escalera	**Es un hostal**	La Posada de Manolo
Muy cansado	Agotado	**No entiendo bien**	Estoy confundido
No estoy alegre	Estoy triste	**Una parte de la cara**	La boca
Contrario de encendida	Apagada	**Se abre y se cierra**	La puerta

7. Complete with the missing words

a. Estoy
b. Apagada
c. Ver
d. En
e. Subo
f. Doy
g. Abierta
h. Tuve
i. Tienes
j. Quiero
k. Un
l. Está

8. Broken words

a. **Cans**ado
b. **Su**bo
c. Esp**ero**
d. Tr**iste**
e. Embriag**ador**
f. Confun**dido**
g. Bus**car**

9. Faulty translation: correct the English

a. Another **exhausting** day
b. Are you **hungry**?
c. I **find** a photo
d. **Outside** there is a car
e. I am **tired**
f. I had an **accident**
g. The **door** is open
h. The light is **off**
i. Inside it stinks of **sweat**
j. I am **a little (bit)** sad
k. I go **up** the stairs
l. She is **working**

10 Translate into Spanish

a. Espero un momento
b. La luz está apagada
c. Apesta a sudor
d. ¡Qué lástima!
e. Está trabajando
f. Yo solo quiero dormir
g. No puedo más
h. (Ella) tiene que ir
i. No quiero más aventuras
j. Estoy agotado

 **THE LANGUAGE GYM**

1. Find the Spanish (Page 56)

a. Hacia

d. Un escalofrío

g. Mis papeles

j. ¿Qué está pasando?

m. Alguien

p. Por todas partes

b. ¿Quién?

e. Un mensaje

h. Desordenado

k. Se ajustan

n. Giro la cabeza

c. Encontrar

f. Amenazador

i. Revuelto

l. Mi bolsa de viaje

o. Pintura roja

2. Complete with the missing verbs

a. Apago

b. Están

c. Hay

d. Vuelve

e. Está pasando

f. Busca

g. Miro

3. Broken words

a. Gi**ro**

c. Alg**uien**

e. Enfa**dado**

g. Me pa**ro**

i. Des**ordenado**

k. Se aj**ustan**

b. Amena**zador**

d. Enci**endo**

f. Co**rre**

h. Ha**cia**

j. Oscu**ridad**

4. Faulty translation: correct the English

a. I **turn** my head

c. **Towards** the bed

e. **Written** words

g. I **stop** (myself)

b. What is **going on**?

d. A **shudder**

f. In **an angry** tone

h. On the **wall**

5. Translate into Spanish

a. La cama de Hassan

c. Me corre por el cuerpo

e. Un mensaje amenazador

g. ¿Qué está pasando?

b. ¿Qué quieren encontrar?

d. En pintura roja

f. No está allí

h. Está todo revuelto

ANSWERS – Chapter 6 – REVISION

1. Translate into English
a. I am really tired
b. I don't want any more adventures
c. Are you hungry?
d. I just/only want to sleep
e. It has been another exhausting day
f. Yesterday I had an accident
g. A mysterious photo
h. I need to sleep
i. I wait for a moment
j. I am tired and a bit sad
k. The heady aroma

2. Match the opposites

Hambre	**Sed**	Nadie	**Alguien**
Triste	**Contento**	Preocupado	**Tranquilo**
¡Qué lástima!	**¡Qué bien!**	Dormido	**Despierto**
Nada	**Algo**	Apesta	**Huele bien**
Luz	**Oscuridad**	Amenazador	**Motivador**
La pared	**El suelo**		

3. Complete the two part summary with the correct option
Part 1
Sam **llega** a La Posada de Manolo después de un día largo y **agotador**. Sam está cansado y confundido. Ha aprendido muchas cosas, pero todavía hay mucho que no **sabe**, y por lo tanto tiene muchas **preguntas**. Fuera del hostal hay un coche **verde**, pero ya es **demasiado** tarde para investigar. No hay nadie en la recepción. Es muy raro porque normalmente hay **alguien**. Sam le da las buenas noches a Valentina y espera para ver si le da un **beso**, pero no puede ser porque ella está trabajando.

Part 2
Entonces, Sam sube la **escalera** a su habitación. No hay nadie en el pasillo pero algo parece **raro**. Después de un día tan largo Sam solo quiere **dormir** pero cuando abre la puerta de su habitación ve que hay un problema. Está todo totalmente **revuelto**. Durante el día, cuando Sam estaba fuera, alguien ha **entrado** en su habitación y ha tirado sus cosas por todas partes. Su bolsa de viaje, su ropa y sus papeles están en el **suelo**. Además, la persona ha escrito un mensaje **amenazador** en la pared, con **pintura** roja: ¡VUELVE A TU PAÍS!

4. Spot and add in the missing words
a. Estoy realmente cansado **y** confundido
b. Fuera hay **un** coche verde
c. Valentina tiene **que** ir a buscar a su hermano
d. Encuentro **una** foto misteriosa
e. Pienso en la cara **de** Valentina
f. No hay nadie en **el** pasillo
g. Dentro, la luz **está** apagada
h. Mis papeles están **por** todas partes
i. Hay un mensaje escrito **en** la pared

5. Correct the grammar and/or spelling error
a. Por hoy, no **quiero** más aventuras
b. No hay **nadie** en la recepción
c. Ayer tuve **un** accidente
d. Hassan debe estar **dormido**
e. Mis ojos se acostumbran **a la** oscuridad
f. Paro y giro la **cabeza**
g. **Enciendo** la luz y veo todas mis cosas
h. Hay un mensaje **escrito** en pintura roja
i. ¡Vuelve a tu **país**!

6. Sentence puzzle: rewrite the sentences in the correct order
a. Miro hacia la cama de Hassan y no está allí
b. Poco a poco mis ojos se ajustan a la oscuridad
c. La puerta de mi habitación está abierta
d. El aroma embriagador de su perfume
e. Probablemente, Hassan haya olvidado cerrarla
f. Dentro apesta a sudor
g. No puedo ver nada
h. En mi habitación está todo desordenado

7. Guided translation
a. **Estoy realmente** cansado y **confundido**
b. **Fuera hay un coche verde**
c. **No quiero más aventuras**
d. **Ayer tuve un accidente**
e. **Subo la escalera**
f. **Pienso en la cara de Valentina**
g. **Todo está desordenado**
h. **¡Vuelve a tu país!**